学前教育专业新课程体系规划教材

学前儿童创意美术活动设计

主编◎郑娇娇　李引萍

清华大学出版社

北京

内 容 简 介

本书以 3～6 岁幼儿为对象，以美术创作基本元素为纲、案例活动设计为纬，系统、科学地引导幼儿多角度、多元化进行美术活动，分为更新理念、主题整合、因"材"施教、造型语言、趣味引导等五个部分。本书以交流分享为初衷，将幼儿美术活动的理念与方法融入具体教学过程中，呈现一组实践性、操作性和应用性强的教学案例，用来指导幼儿进行美术创作。

本书适合作为普通高等学校、职业院校学前教育专业及幼儿师范院校的教材，既可为幼儿教师掌握一定的美术教学技能和多样化的教学方法提供参考，同时也可作为幼儿教师及家长指导幼儿进行美术创作的辅导书。

图书在版编目（CIP）数据

学前儿童创意美术活动设计 / 郑娇娇，李引萍主编. —北京：清华大学出版社，2019（2025.7重印）
（学前教育专业新课程体系规划教材）
ISBN 978-7-302-51795-5

Ⅰ. ①学… Ⅱ. ①郑… ②李… Ⅲ. ①美术课–教学设计–学前教育 Ⅳ. ①G613.6

中国版本图书馆CIP数据核字（2018）第269536号

责任编辑：杜春杰
封面设计：刘　超
版式设计：楠竹文化
责任校对：马军令
责任印制：杨　艳

出版发行：清华大学出版社
　　　　网　　　址：https://www.tup.com.cn，https://www.wqxuetang.com
　　　　地　　　址：北京清华大学学研大厦 A 座　　　　邮　　编：100084
　　　　社 总 机：010-83470000　　　　　　　　　邮　　购：010-62786544
　　　　投稿与读者服务：010-62776969，c-service@tup.tsinghua.edu.cn
　　　　质量反馈：010-62772015，zhiliang@tup.tsinghua.edu.cn
印 装 者：涿州市般润文化传播有限公司
经　　销：全国新华书店
开　　本：185mm×260mm　　　印　　张：13.5　　　字　　数：284 千字
版　　次：2019 年 1 月第 1 版　　　　　　　　　印　　次：2025 年 7 月第 6 次印刷
定　　价：68.00 元

产品编号：080436–01

前　言

　　创意美术活动是当前幼儿美术教育的一种发展趋势，尤其在以立德树人为导向的学前教育改革背景下，人们的视角从重"技能"转向重"创意"，在美术活动中更看重幼儿独特的个性与创造潜能的开发，而不是单单培养孩子的绘画技能。美术活动不再是传统意义上的"画画课"，它利用各种创意材料、多种教学策略及整合其他领域资源，积极促进幼儿健全人格的形成、审美能力与创造能力的提升。

　　什么样的创意美术活动能够真正以幼儿为本，释放幼儿天性与促进幼儿的发展呢？它涉及对创意词性的理解。作为名词的创意，是指一种新思想或一个好的想法、点子。它主要体现在运用新奇的材料做出别具一格的作品。然而频繁更换不同的材料以吸引幼儿的兴趣和新奇感，却忽略了幼儿在短时间内搞不清作品好在哪里和自己想要表达什么，剥夺了幼儿与材料的内在联结能力，不能让幼儿获得用来帮助内在建构的东西。作为动词的创意是指创造出新意，它着重培养幼儿的创造思维能力和提升综合美术素养。它在幼儿已有经验的基础上为其提供全方位的支持，鼓励幼儿充分发挥想象，大胆运用各种材料和美术表现形式创造和表现创新的、美的艺术形象，进而使幼儿在创造美和表现美的过程中获得美的情感体验以及成就感。换句话说，幼儿美术创意活动重点应关注幼儿参与美术活动的过程以及提高幼儿自我探索的能力，与此同时，成人应为幼儿提供一种自主、能动的教育方式和环境，尊重幼儿的个性和心境，让幼儿逐渐在美术活动中建构自我的艺术体验、自由地表达情感。

　　因此基于此观点，本书根据《3-6岁儿童学习与发展指南》和《幼儿园教育指导纲要》等文件精神，通过更新理念、主题整合、因材施教、造型语言及趣味引导等五个部分，努力探索以幼儿为本位的创意美术活动课程体系。为了方便教学，本书以课例的形式呈现一组富有创意并且操作性强的教学活动。本书的许多课例经过实践，作品展示均来自各个幼儿园和少儿美术机构，还有部分学生作品来自少儿艺教网，在此一并致谢。由于编者水平有限，本书不足之处在所难免，敬请诸位专家同行批评指正。

编　者

2018年7月

目 录

第三章　因“材”施教
——幼儿美术活动中材料的创意探索

第四章　造型语言
——幼儿美术形式的创意运用

第五章　趣味引导
——幼儿美术活动的创意指导

第一章　更新理念

——幼儿美术活动中的误与悟

第一节 幼儿美术活动中的"误"

幼儿美术是以幼儿为主体所进行的美术造型和欣赏活动，是幼儿用心灵和世界对话的一种方式。美术活动的主要目的是让幼儿能够快乐自由地表达自己的认识和情感，以激发他们的想象力和创造力。正如毕加索所说，世界上只有一种人真正地能画画，那就是小孩子。然而家长们往往不理解幼儿造型语言的独特性，不了解幼儿在每个年龄段的绘画特点，不切实际地要求孩子要画得像。教师同样会感受到来自家长的期望——要教孩子画"正确"的形象。如此一来，幼儿为了迎合家长的审美而忽略了自身体验和感受，这种误区体现在美术活动的认知、教学、评价等各个环节中。

一、认知误区

认知误区，是指家长或教师不懂得幼儿绘画的发展规律，用成人的思维和方法去干扰幼儿绘画发展过程，或无意"破坏"孩子的绘画兴趣。尤其是三岁左右的幼儿，更需要得到家长和教师的尊重，为幼儿绘画发展提供各种可能，而不是被错误地引导。

案例1 我不会画茶杯

歆歆2岁的时候喜欢自己拿着画笔随意涂抹。每当空闲的时候，歆歆都有拿起笔来涂鸦的喜好。歆歆自由地涂抹，惊奇于每条线在纸上的运动痕迹，手臂肌肉得到锻炼。她逐渐从这种胡乱的涂抹中萌发了画某种物体的冲动，指着自己的线条涂鸦进行命名。然而，有一天妈妈给她画了一个"椭圆形加梯形组合"的形象，并告诉她这就是茶杯。当歆歆再次涂鸦的时候，会拿着妈妈的手要画茶杯，而不再尝试自己去表现。

案例 2　幼儿绘画的 "ᄂ" 形腿

4 岁的小羽喜欢画人，每次都是先画后想，是一种无计划的绘画行为，处于绘画的象征期。有一次，他不知道怎么去表现人物的腿部，就去询问妈妈。妈妈就教他画一个类似 "ᄂ" 的图形。从那儿以后，小羽每次画人物画就会添上这样的腿，不再去创新。他的作品《田野先生》中 "ᄂ" 形腿的画法来自于妈妈的指导，这张画记录了成人辅导的一次失误。因为成人一旦将固定的画法带入幼儿的脑海，模式化的痕迹就会深深地影响幼儿，其原生态的绘画本领便被扼杀。[①]

案例 3　别把衣服弄脏了

有一个 4 岁的小女孩，特别喜欢用水粉颜料作画。每次活动课结束后，妈妈看到小女孩的手或者衣服弄上颜料就责怪她。幼儿园由于清洗工作繁重，很少给幼儿提供流质颜料，因为幼儿一看到这些用水和颜料调和出的神奇的色彩，就不由自主地玩起调色游戏来。同样，很多家长不喜欢孩子玩色。在这种人为因素的影响下，部分幼儿的色彩涂鸦变得小心翼翼，而无法让自己面对颜料的时候完全放松下来。这些方式阻碍幼儿自由放松地探索，并使他们对颜料有种排斥感而无法体验颜料涂抹带来的感受。

上述现象就是家长对幼儿美术活动不正确的认知造成的。我们怎么可能要求孩子聪明而同时剥夺他那份由好奇心驱动而探索的种种行为呢？比如案例 1 就是家长干预幼儿涂鸦活动，想帮助幼儿画出 "更像" 的画。由于妈妈错误地引导，不知道简笔画超出涂鸦期幼儿的绘画能力。涂鸦期，幼儿涂鸦只是一种游戏，同时也能锻炼手部肌肉与精细动作的发展，因此家长应该给予幼儿充分的探索空间。案例 2《田野先生》是成人 "示范" 案例中家长错误引导而创作出的作品。家长画出范画或者示范形象，是将成人的感觉和意愿强加给幼儿，剥夺了幼儿自己对事物的想象与创造能力。低龄幼儿如果长期被这样引导，不仅会产生概念绘画，其绘画能力的发展也会被阻碍。案例 3 限制幼儿探索颜料与色彩，仅仅是因为难以清洗而错失了培养孩子主动探究的能力，却不知调色和玩色，甚至用手去触摸颜色、感知色彩的变化等，是培养幼儿对材料的感知与运用能力、发挥创造力的前提。

---

① 刘亚明. 孩子的画笔会说话：幼儿绘画心理解析与互动指导. 北京：中国农业出版社，2014.

二、教学误区

教学误区，指的是教师不懂幼儿美术活动的教学规律和教学方法，在教学过程中，往往以自己的意愿或标准要求幼儿，忽视了其内心感受与独特的体验，不能有效促进幼儿绘画的发展与审美经验的提升。

案例 4　借幼儿的手画成人的画

大多数美术教师在指导幼儿进行美术创作的时候，往往以自己的主观意愿代替了幼儿的独立思考。教师甚至提前想好了颜色搭配、画面的构图，只留给幼儿很少的发挥空间，有的甚至执意要求幼儿达到画面的某种效果。比如，剪贴画《小鸟的家》是在教师的指令下运用瓦楞纸做鸟笼，画出小鸟的形象并涂上颜色，之后剪下来贴到鸟笼上。这样的活动对幼儿有什么意义呢？其目标始终是为了完成一个看起来"好看"的作品，而将幼儿自身的想法、意愿、情感及心理活动都掩盖了，忽略了幼儿的心理诉求。

案例 5　为什么孩子回家就不会画了呢

在给幼儿们上绘画课的时候，曾经有一位家长发来微信咨询说："老师，孩子拿回来的画，我让他在家再重新画一遍，可是他不会画了，怎么回事呀？"图 1-1 和图 1-2 所示就是孩子的作品。当他回到家的时候，妈妈就好心地帮助他复习，要求他再重新画一张。孩子不愿意了，家长的疑惑由此而生。他们不知道幼儿美术教学过程与行为是不可重复和模仿的。幼儿在特定时间的感悟和经验不同，作品反映了幼儿审美体验的独特性，如果再让他重复一遍，多数幼儿会丧失兴趣。

图 1-1　小鸟　张祖业　5 岁

图 1-2　小鸟　代智轩　5 岁

以上现象在幼儿美术活动中比较突出，我们在教学中要避免这些误区。幼儿美术教学活动的核心应该是以幼儿为本，尊重幼儿的个性与发展特点，培养幼儿对美的事物的感知和表达能力。我们反对成人主导的艺术指导模式，而提倡成人是幼儿的引导者和帮助者。在课堂上，教师应该起到一种"脚手架"的作用，帮助幼儿建构属于他们自己的艺术语言而采用一些教学策略是可以的，但是不能替代幼儿做太多，否则过犹不及。同样，教学过程中的行为也是不可重复和模仿的，幼儿在特定时间的感悟和经验不同，完成的作品也反映了他们审美体验的独特性，如果再让他们重复一遍，去画他们已经画过的东西，多数幼儿会丧失兴趣。家长不懂教学规律，天真地认为幼儿的美术学习就像学算术一样，在学校会算的在家也一样。

三、评价误区

评价误区，指的是成人往往以自己的审美标准和角度去评价幼儿作品的行为方式。尽管我们强调，要遵循幼儿自身的年龄和发展顺序，引导幼儿自主探索艺术材料或者创造形象，但是来自成人的观念或审美观潜移默化地传递给幼儿，他们或正面或负面的评价会直接影响幼儿的艺术发展。

案例 6　我妈妈不喜欢

一个5岁的小男孩，妈妈每次送他来画画的时候就叮嘱他"好好画啊，要不然下次不让你来"。这个孩子好动且追求完美，画画的时候非常仔细，一个地方画得不满意就反复修改，直到画纸被擦破，最后索性不画了。他对于线条和形状的把握比较准确，而对于色彩不太敏感。有一次，他在画一朵盛开的荷花，老师提议可以采用圆形构图。谁知，他立马激动地说："这个我妈妈不喜欢！"

案例 7　你的颜色怎么涂得这么乱

当幼儿运用油画棒或者水彩笔给画面涂色时，家长或者部分教师因为幼儿将颜色涂到轮廓线以外而指责孩子。成人不喜欢看到乱七八糟的涂色情况，不符合他们的审美标准。如图1-3和图1-4所示的两幅作品，幼儿很高兴地将作品拿给妈妈看，谁知道妈妈见到画就说："你的颜色怎么涂得这么乱？"

图1-3　下雨天　张作豪　5岁

图1-4　小乌龟　杨俊鹏　5岁

以上的案例是由于成人的不恰当的评价行为导致幼儿不敢自由地进行表现。幼儿由于眼、手、脑协调能力不够好，经常会将颜色涂到形状的轮廓线以外，这都是很正常的。然而，这样的作品也常常会被家长认为"作画不认真"，幼儿听到这样的评价会认为自己画得不够好。由于家长对幼儿绘画的认知与评价，往往从自己的视角出发，认为幼儿学画在于"入技"，教师教画之本在于"教技"，这些根深蒂固的观念或无意的表情及言语，会影响幼儿作画的自信，也是阻碍幼儿创造能力发展的桎梏。

因为他们尚处于他律阶段，其情感十分脆弱，非常在乎周围人的态度，他们的创造热情会因成人不恰当的评价逐渐消失。[1]因此家长或者教师应将幼儿美术活动视作动态的发展过程，而不是一个静态结果呈现，追求片面化的视觉效果，而忽略通过美术活动培养幼儿的新鲜的艺术感觉，对事物的好奇探究的能力，以及自己创造艺术符号的能力。

第二节　幼儿美术活动中的"悟"

幼儿美术是孩子们自我表达的一种工具，对于他们来说绘画就是一种自发表现性活动，幼儿期也正是他们绘画的敏感期。幼儿就像鲜花在胚胎的时候已具备了花的本性，绘画就是他们与生俱来的本性和潜能。[2]因此从此层面上来说，幼儿美术不需要"教"，因为美感的获得与审美体验是无法施教的。作为教师要领悟幼儿美术教育的真谛，教师应为幼儿潜在的绘画能力和天赋秉性保驾护航，促进幼儿的发展而不是干预其发展。教师的引导

---

① 李蔚宜.幼儿园美术活动这样做.上海：华东师范大学出版社，2017.
② 李力加.给幼儿教师和家长的81条美术建议.北京：中国轻工业出版社，2017.

和课程的设计在于唤醒幼儿的潜能，引导他们学会自由地表现自我。

一、促进发展

幼儿美术活动是幼儿身体发展水平、情感态度、智力发展及生活经验的产物。首先是自然发展，其次是教育促进。我国少儿美术教育专家尹少淳认为，自然发展是前提，自然没有发展到那一步，教育促进的作用是有限的，拔苗助长容易适得其反。[①]

1. 自然发展

幼儿美术活动的自然发展主要指在教学活动中尊重幼儿在不同年龄段的表达能力、认知能力与思维能力。幼儿从拿起笔开始作画时，其表达能力就不是成人一笔一画教出来的，而是信笔涂鸦。他们的思维与画笔同步，意到笔随，立刻进入自己的想象天地，非常自然率真。对于他们来说涂鸦画的是什么并不重要，重要的是在涂鸦的过程中自己的小手、手腕、臂膀等运动逐渐变得精细，画面的线条与身体的动感都会给孩子带来相当珍贵的体验。他们对万物的认知与思维能力是同步的，以自己为万物尺度去感知事物，表现人与事物之间的关系。比如幼儿在表现复杂场景的时候不会运用透视的关系，而受自我中心意识的影响，转动画纸去表现不同方位的物体，就能把周围复杂的关系画出来了。他们天性烂漫并富有想象力，教师只需要给孩子提供合适的工具材料和无压力的环境，准备善于倾听的耳朵，尊重孩子的"道法自然"的状态，这应该是早期幼儿美术活动秉承的原则。

实践证明，经过幼儿早期的自然发展和自发的表现活动，尤其通过涂鸦或者大胆玩色及"乱涂乱画"等行为，不仅能释放幼儿的天性、锻炼幼儿手部的精细动作能力，也为幼儿下一步的绘画活动提供了生理基础。

2. 教育促进

如果说 3 岁前幼儿具有感知形象和自由涂鸦的能力，那么 3 岁后幼儿在教师恰当的指引和启发下，幼儿能逐步探索媒材的性质、把握艺术元素和规律，从而更加自由地表现自己。比如幼儿在创作中，能够表达他们对材料本身的认识和感受，特别是在使用一种新媒材的情况下。幼儿的关注角度很少落在完成艺术作品本身上，而更多地在于体验感官运动带来的感受和用于创作的材料的特性。等到他们熟悉媒材之后，就能认识到如何使用媒材来表现事物。作为教师要更多地关注儿童创设作品的过程中探索与解决问题的能力，达到熟练运用材料表现自己的感受的目的。教师在教学中也要把握适度引导的原则，既尊重幼儿绘画的发展规律又兼顾表达的需求。幼儿经常是无计划性作画，比如《我们一起来游

---

① 尹少淳 . 尹少淳谈美术教育 . 北京：人民美术出版社，2016.

泳》，当幼儿生动地表现了各种人物游泳的动态后，他想再画一把遮阳伞，这涉及重叠的问题，也超出幼儿的表达能力。老师启发幼儿在另一张纸上画出遮阳伞然后贴到画面上就巧妙地解决了这个问题。

幼儿美术活动是幼儿自然发展过程中的一种表征和产物，是一种阶段性的成果。因此，我们不能太重视幼儿作品的效果，应该将这种活动作为促进幼儿发展的途径。

二、塑造慧眼

美术活动要引导幼儿的眼睛发现美、分辨美与丑的能力并提升幼儿的审美眼光。因为幼儿生活在一个图像泛滥的时代，尤其是电子产品、手机、电视、平板电脑、网络等让幼儿刚开放的大脑充满了诸多不良图像。如何避免让幼儿的眼睛被这种图像所误导？这就迫切需要美术活动来给幼儿的眼睛"立美"。

（1）带领幼儿欣赏经典美术作品。幼儿园的美术活动的视觉，要实施以感受视觉图像为前提的美术欣赏活动。比如，面对人类经过时间积淀而筛选出的优秀经典名作，如符合幼儿欣赏口味的现代艺术家马蒂斯、塞尚、梵高的作品，又如现代水墨艺术家韩美林的动物、齐白石的鱼虾等，教师可以引导幼儿欣赏具体的艺术作品，进行感受与自主表达，让幼儿的个体审美经验与他们的生活经验发生关联。经过长时间、持续的视觉引导后，幼儿的审美能力和美感经验就会改善，其眼睛对图像的识别能力和判断能力也会随之提高。

（2）走进博物馆或者美术馆，进行实物赏析。博物馆的审美欣赏是一种很重要的提升审美素养的行为，让幼儿在馆藏经典美术作品的欣赏中，养成一双分辨美丑的眼睛。孩子的创造力源自他们的眼睛直观的感受和体验。美术馆与博物馆藏品的欣赏，可以说让孩子的思维与能力变得更加丰富与多元。很难想象一个从小没有接触过经典艺术品的幼儿，他的眼睛能对美的事物产生敏感？只有提供更优质、更经典的视觉图像，才能让幼儿学会辨别、批判从而进行自主选择，他们的美感经验的积累才能得到保障。

（3）在日常的生活中培养幼儿发现美的能力。在幼儿的日常生活中，教师要逐步引导他们将普通的眼光提升为审美的眼光。比如3岁的宝宝在吃饭的时候，将一个细细的带着齿痕的海带丝看作可爱的毛毛虫，5岁的男孩在切开的苹果上发现苹果核而联想到星星。这就是孩子眼睛不同寻常的发现。[1] 美术活动有助于培养幼儿具有一双不同寻常的眼睛，引导幼儿在日常生活中发现美的能力。

总之，幼儿美术活动中，教师不能对幼儿进行单一的技能教育，而应把美术作为一种教育手段促进幼儿发展，尊重幼儿自然的发展规律，进行恰当的引导，启发幼儿用审美的眼光认识和理解丰富多彩的生活世界，并与自身的生活感悟互为联结，逐步培养幼儿的内

---

[1] 李力加. 给幼儿教师和家长的81条美术建议. 北京：中国轻工业出版社，2017.

在表达能力，以促进幼儿身心的健康发展。正如李芳妃所说，幼儿的美术活动并不是正襟危坐的一节节课，而是一种生活方式，一种审美眼光和一种美妙的体验。[①] 如果在幼儿美术学习过程中，能让幼儿拥有发现美的眼睛，能够为了表现心灵而无压力地画画，能够源于自己独特的生活体验而轻松自如地表达思想与情感，就是幼儿美术启蒙教育的真谛。

---

① 李芳妃 . 和孩子一起玩艺术 . 桂林：漓江出版社，2012.

第二章　主题整合

——幼儿美术活动内容的创意设计

内容是幼儿美术活动创意的源泉，选择合适的内容能激发幼儿的认知和体验，让幼儿在创作中情感饱满，富有个性地表现自己的感受。然而我们常见的美术活动的内容选择往往从单一的美术学科角度，采用以技能为目标的培养模式。比如教学以点、线、形、色等元素为主，缺少主题背景的铺垫和科学系统的观察支撑，没有涉及幼儿社会生活的体验，只有单一的形象表现，会导致教学出现零散的拼凑现象。随着学前幼儿艺术教育观念的更新和改变，幼儿园开始开展主题整合的系列美术活动。所谓主题整合就是体现主题与每一个具体活动之间的链接、与幼儿能力发展之间的链接，重视提高幼儿学习过程中的审美感受，积累和建构各种基本经验，使课程目标真正落实到幼儿学习过程中，从而弥补把一个个活动分解为孤立的学科活动的缺陷。①

幼儿园美术活动的内容选择以主题活动为依托，引导幼儿全身心地感悟主题，其时间可以是持续性和单元性的，活动不应该局限于教室。同时以幼儿园的美术区域活动为辅助，帮助幼儿更深入地理解主题的内涵。通过选择符合幼儿认知能力和生活经验的主题，让主题内容具有连续性和深入性，让主题内容成为美术活动的支撑和帮助，以此为基点进行相关资源的整合，构建幼儿美术活动的系统性，是我们进行幼儿美术活动设计的起点。

第一节　贴近生活，根据幼儿年龄特点设计内容

幼儿园的美术活动离不开日常生活。如果美术活动的内容选择脱离幼儿的实际经历和身心发展特点，那么美术活动必然会索然无味。根据幼儿心理特点、年龄特征和审美能力发展的需要，教师可以选择贴近幼儿生活、容易引发幼儿创作兴趣的内容。课题的设计应围绕同一个主题进行多角度的探索，以主题为依托，设计情境游戏，形成主题统整的单元模块，切忌"大拼盘和大杂烩"，同时也要选择合适的绘画工具。正如阿恩海姆所说："联系作品反映的经验的同时又联系这些作品使用的媒介，才能对绘画作品作出全面的描述和理解"②。

那么，选择什么样的主题内容既能涵盖幼儿不同年龄段的兴趣需求，又与幼儿生活经验和体验具有强烈的关联性呢？无疑，人是幼儿生命之初最为熟悉的，也是幼儿最喜欢表达的对象，是幼儿眼中最早出现的最美的画。幼儿在不同的年龄段对人物的表现呈现不同的特征。涂鸦期的幼儿，能画出一个圆来命名为妈妈、奶奶等。随着年龄增大，幼儿逐渐

---

① 李蔚宜.幼儿园美术活动这样做.上海：华东师范大学出版社，2014.
② 阿恩海姆.艺术与视知觉.朱疆源，译.成都：四川人民出版社，1998.

在圆圈的下面添加线条，来表现他们所熟悉的人物。大班幼儿可以画出穿衣人像来。从这个角度来说，人物是幼儿不同年龄段都喜欢表现与探索的对象，画人物符合幼儿生活经验和体验，因此，我们以"人的认知与表现"主题为例，根据不同年龄段进行活动设计。

小班美术系列活动以"小手指，大本领"为主题，设计心智涂鸦①活动，如图2-1所示。涂鸦是幼儿自发的表现形式。孩子们放松地玩颜料，尤其是小班幼儿喜欢在无压力的状态下进行美术活动。教师和家长切忌有拔苗助长的"教育"行为和追求"成品"的习惯。幼儿园要为幼儿创造涂鸦条件，让其尽情游戏，彻底释放心境。

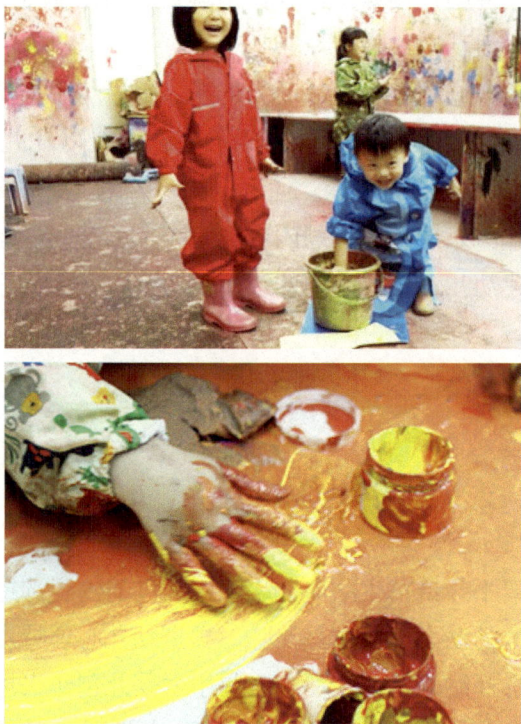

图2-1　深圳南色幼儿园心智涂鸦活动

中班以"对人物的探索与表现"为主题，将目标推进到"凸显情感"上，让幼儿由对人物身体部位的认知，转向对人物情感的体验与表达。具体活动案例有《有趣的表情脸》、《我的好妈妈》、《满脸皱纹的爷爷》和《快乐的一家人》等四个内容，以情境添画为主，结合不同的媒材进行创意表现。

大班幼儿的认知和情感越来越丰富，关注点从自我、父母身上转移到集体活动和场景中，注重表现人物在不同场景中的动态。幼儿园可以围绕某种特定的场景设计课题。具体活动计划表如表2-1所示。

———————————

① 心智涂鸦，源于深圳龚江平老师以涂鸦方式展的通过材料促进幼儿自发感知为目的美术活动。

表 2-1 主题活动计划表

班级	主题内容	游戏活动	目标	形式	区域活动
小班 心智涂鸦：身体部位认知	1. 神奇的指印画	小手拍拍律动游戏	手指玩色，感知不同的指纹印色，通过短线添加造型，训练幼儿的发散思维能力	指印画	
	2. 手指玩偶	手指一家游戏	观察自己的五个手指，并且命名。运用黏土、颜料或是黄泥塑造手指娃娃，并赋予它们角色	黏土制作	设置涂鸦墙 五官拼图活动
	3. 我的小手变变变	手影游戏	将投射在纸上的手影造型描绘下来，进行涂鸦游戏	剪影贴画	
	4. 线条宝宝手拉手	幼儿一起跳圆圈舞	幼儿想象条线条宝宝跳舞的样子，借助拉手的体验，在线条与线条之间穿插、联结，形成有韵律感的节奏	短线涂鸦	
中班 凸显情感：身边的人	1. 有趣的表情脸	尝味道画表情	引导幼儿通过视觉的感受、体会酸、甜、苦、辣滋味引起的五官表情的变化	黏土贴画	
	2. 我的好妈妈	小小理发师游戏	通过妈妈的脸部及发型特点，感受母亲与子女之间的幸福	砂画	收集全家福照片并布置在区域活动墙上，欣赏妈妈妈的照片，数数爷爷脸上的皱纹
	3. 满脸皱纹的爷爷	游戏歌曲好娃娃	观察并比较不同年龄、性别的人的面部特征，表现爷爷的面孔	刮画线描	
	4. 快乐的一家人	全家福	引导幼儿尝试过移已有的活动经验，表现自己和家人的特点，表现出快乐的情感与分享的喜乐	水粉画	
大班 场景中的人：表现动作	1. 乘车去旅行	情境录像回放	引导幼儿表现不同乘车工具的特点，表现车厢里面的人物的动态和表情	蜡笔画	户外活动 请家长提供节假日旅游的视频资料，幼儿同组织郊游活动，运动会等
	2. 热闹的运动会	情境录像回放	引导幼儿动手制作扭扭棒运动的小人，理解不同的动作	黏土贴画	
	3. 高高矮矮的人	表演游戏	感受高矮不同的人在一起所带来的对比的乐趣	彩笔画	
	4. 我们一起来跳舞	表演游戏：洋娃娃和小熊跳舞	体验集体活动的乐趣，画一画大家一起跳舞的场景。重点引导幼儿体会环形构图的魔力	彩笔画	

一、心智涂鸦——神奇的指印画（小班）

设计意图

　　手指是最灵巧的画笔，指印画最早来源于意大利瑞吉欧教育体系。该体系主张给孩子无尽的机会和方式尽可能表现自己，用自己的身体去表现内心世界。指印画就是直接用手包括手指、手掌、手背等部位蘸取颜料，在纸上进行指印、掌印、涂抹的创作行为，使得幼儿触觉、视觉等感官体验得到最大限度的发挥。指印画的特点是材料简单、容易操作、作画轻松、富有游戏性。小班幼儿美术活动的主要目标是让幼儿萌发对美术的兴趣。

活动目标

　　（1）认知目标：体验手部构造与特点，认识流质颜料的特性。
　　（2）情感目标：大胆想象并添加图像，感受指印的不同变化。
　　（3）技能目标：训练手部精细动作能力，会用手指拓印不同的造型。

活动准备

　　材料准备：流质颜料、硬卡纸、小水桶、调色盘、黑色记号笔。

活动重点

　　训练幼儿的联想能力，将指印通过想象添加为不同的造型。

活动过程

1. 感知游戏——引入课题，师生歌唱

　　教师播放幻灯片"音乐律动——小手拍拍"，师幼一起唱歌拍手。

2. 观察体验——小手指，大本领

　　（1）教师根据儿歌《小手拍拍》的内容，引导幼儿了解小手指的本领，让幼儿观察他们自己有几个手指？每个手指分别叫什么名字？
　　（2）教师引导幼儿观察他们自己的手指，看看指纹有什么特点。
　　（3）教师拿出准备好的水粉颜料调色盘，现场演示一个指印，如图2-2所示。

师：你们想不想知道，这个指印能变成什么？看老师变魔术，变！变！变！原来这个图形经过添画变成了一个人哪！

图 2-2　拇指小人指印添画

（4）教师播放如图 2-3 至图 2-5 所示的幻灯片，引导幼儿欣赏并了解多种多样的指印创作方法。

师：请小朋友们观看幻灯片，欣赏神奇的小手指还能变成哪些好玩的东西呢？

图 2-3　叠加指印　　　　　图 2-4　组合指印　　　　　图 2-5　指印添画

小结　教师提示幼儿印指印画的时候，可以有正着印、横着印、斜着印，或者两三个重叠印等不同的印法，或者用手指叠加拓印。

（5）教师介绍工具材料，引导幼儿操作体验。

幼儿两人一组，教师发放材料——盒装水粉颜料、调色盘、形状各异的卡纸片。教师引导幼儿用手指触摸颜料，感受颜料的干湿程度，并尝试拓印图形。

3. 想象与创作——幼儿印画，教师指导

（1）提出印画要求：选择不同造型的纸片，根据自己的想法印指印画。先印手指印，后用马克笔添画。

（2）颜料操作提示：运用颜料的时候可以选择多色，也可以选择单色。

（3）构图提示：可以在纸上画些线条或者树干，然后用手指按出不同方向的枝叶。

（4）创意提示：我们也可以利用手指画抽象画。幼儿可以将双手都蘸上颜料，在纸上

"弹钢琴"，用手指自由地在纸上弹出高低起伏的音符来。

小结　教师启发幼儿想象，让幼儿发散思维，通过添加不同的线条，变成他们熟悉的形象。一个个小手印，可以并列按压，变成一条毛毛虫，也可以对称按印，变成一只花蝴蝶，或者围绕一个点印，可以变成小花一朵。

作品展示

图 2-6 和图 2-7 所示为小班幼儿的指印画作品。

图 2-6　神奇的指印画　陈殊瑞　4 岁 　　　　图 2-7　神奇的指印画　吴诗琪　4 岁

活动延伸

小班的涂鸦活动是运用各种创意材料在主题单元下进行有层次的探索，其目的是开发幼儿心智及促进内在成长。因而活动延伸涉及四个内容，分别为涂鸦游戏统领下的拓印玩色、泥塑滚色、撕纸剪贴涂色以及圆圈和短线涂鸦的集体体验创作活动。活动中切忌要求孩子做出超越年龄段的要求，比如按轮廓涂色等。由于幼儿手指较小、没有构图意识、作品零散等问题，教师应该准备好玩的材料包，或选择不同造型的纸张，将完成的指印画作品组合起来。

二、凸显情感——有趣的表情脸（中班）

设计意图

从情感发展的角度看，中班幼儿逐渐从小班"自我为中心"过渡到"关注他人"，课程设计以"有趣的表情脸"为主题，为幼儿传递一种情趣化、生动化、真实化的人物表现方式。中班幼儿处于象征期，其绘画喜欢运用夸张的手法表达印象深刻的人物表情而忽略细节。教师应重点引导中班幼儿对面部表情的把握，课程设计应凸显幼儿的情感体验。

活动目标

（1）认知目标：观察人的面孔，了解五官位置的变化引起表情的差异。
（2）情感目标：体验人物内心的喜怒哀乐，在活动中建立关心他人的情感态度。
（3）技能目标：学会运用不同材料表现人物的情感变化。

活动准备

（1）教师准备各种颜色的卡纸、黏土、彩笔、毛线、扭扭棒、即时贴、剪刀、玻璃胶等。
（2）教师准备一些不同味道的食物和不同的漫画表情图片。

活动重点

教师引导幼儿利用嗅觉器官感受酸、甜、苦、辣的味道，观察人物表情的变化与特征，并运用颜色和形象大胆地画出富有情感色彩的脸。

活动过程

1.感知游戏——"尝味道，做表情"

师：小朋友们，今天老师给你们带来酸、甜、苦、辣四种食物，请你们来尝一尝，然后用表情告诉大家尝到的是什么味道的食物。

（1）教师将幼儿分组，一组尝味道，一组猜。重点观察酸、甜、苦、辣等味道引起的表情的变化。

第一组幼儿尝味道，并做出相应的表情。

第二组幼儿根据表情猜猜第一组幼儿吃的是什么味道的食物。

幼：你知道我尝的是什么味道吗？你是怎么看出来的？我的眼睛有什么变化？我的嘴巴呢？

（2）教师提问：你们吃过辣椒吗？吃辣椒的时候，表情是什么样子的？做出来让老师看看吧。

2. 观察体验——"观察表情，猜猜心情"

（1）教师给幼儿提供镜子，观看镜子里的他们自己，让他们用自己的语言向别人描述，并用手比画出来。

一组幼儿照镜子，拉一拉嘴角，皱一皱眉毛，做一个笑脸，观察自己的五官的变化。

另一组幼儿通过观察第一组幼儿的表情猜猜他们的心情是什么样子的。教师引导幼儿通过尝味道、观察表情变化推测幼儿心情的变化。

（2）教师展示如图2-8所示的漫画表情图片，让幼儿仔细观察喜、怒、哀、乐的表情。

| 高兴 | 伤心 | 无奈 | 生气 |

图2-8　漫画表情

（3）幼儿上台进行模仿表情秀，自由表演，教师提问。

师：这个小朋友怎么了？他很高兴啊，我们从哪里看出来的呢？（嘴角向上翘、眼睛眯成线、眉毛弯又弯）

师：这个小朋友怎么了？他生气啦，你从哪里看出来的呢？（嘴角向上嘟、眉毛皱一团）

（4）同伴分享交流：你喜欢画哪种表情？为什么？

3. 想象创作——自选材料，根据经验作画

（1）教师发放绘画工具及材料：砂画、油画棒；彩色卡纸；纸盘和黏土。教师引导幼儿自己选择喜欢的绘画工具及材料。

（2）探索表情的表现方法。

教师引导幼儿选择喜欢的表情后，让幼儿照照镜子画出来。

师：镜子里面出现一张小脸蛋，把它用笔表现出来吧。

教师提示幼儿，将纸张当作镜面，将脸蛋画上去。教师还可以巧妙地提醒幼儿构图布局等。

（3）教师重点引导幼儿把注意力放在五官的表现上，其他的部位让幼儿自由进行发挥。

作品展示

图2-9和图2-10所示为中班幼儿有趣的表情脸作品。

图 2-9　有趣的表情脸　张宛如　5 岁

图 2-10　有趣的表情脸　姚一鸣　5 岁

活动延伸

幼儿与家人十分亲密，家人通过"有趣的表情脸"活动，可以帮助幼儿了解不同的心情会使人的五官有多种变化。家人引导幼儿想想自己妈妈有什么特点，"我的好妈妈"活动由此开展。"满脸皱纹的爷爷""快乐一家人"等系列活动引导幼儿观察全家每个人的独特之处，爸爸与妈妈有什么不同，爷爷和爸爸有什么不同，然后让幼儿画一张全家福，帮助幼儿表现并区分不同人物的年龄、性别和发型服饰等差别。

三、注重场景——乘车去旅行（大班）

设计意图

幼儿对任何一种美术技巧的认识和学习，都与他的生活经验联系在一起。大班幼儿着重表现人物的动态和所处的环境之间的关系。他们必须通过感官和行动来直接接触物体或事件，比如通过自身运动，感知身体部位的动作变化。幼儿试图传达的内容源于自己的经验，幼儿的创造反映了他们的经验的范围和体验的程度。因此，幼儿园在设计此次活动的时候，增加了幼儿示范表演的情境游戏，为幼儿创作提供直接经验。

活动目标

（1）认知目标：引导幼儿表现不同交通工具的特点、造型和人物的动态。

（2）情感目标：激发幼儿回忆乘车旅行的感受，丰富幼儿对事物的体验。

（3）技能目标：掌握人物动态的表现方法、水彩笔和油画棒的涂色技巧。

活动准备

材料：彩色图形纸、水彩笔、黑色勾线笔、胶棒、玩具小车等。

活动重点

引导幼儿表现车厢里的人物动态和表情。

活动过程

1. 情境回放

（1）谈话回忆。

师：小朋友们，假期爸爸妈妈有没有带你们去旅行呢？我请小朋友们说说，你们都去哪里玩了呢？有什么美景吗？（请个别幼儿举手回答）

倾听幼儿发言，通过他们描述的情境，帮助他们将回忆目标集中在旅行途中。比如，他们乘坐的是什么车？是长长的火车，或是公共汽车，还是在空中的飞机？

（2）教师播放幻灯片视频——认识常见车辆，丰富幼儿的认知。

师：森林到了，这儿空气真好啊。这儿还有好多美丽的鲜花，还有蝴蝶飞来了。瞧，小动物们也都来啦。原来它们约在一起春游呢。哇，小动物们是怎么来的呢？它们开的是什么车？

（嘟嘟——汽车开来了，小脚要站好，小手要扶稳。看谁下车了？原来是小猫咪一家啊。）

（滴滴滴——摩托车开来了，小兔子开着摩托车来玩了。）

小结 教师通过播放视频引导幼儿加深乘车的体验和兴趣，丰富幼儿的认知，让他们乘车旅行的回忆生动起来。

2. 观察体验——迁移游戏，玩具车观摩体验

（1）教师提供不同类型的玩具车，让幼儿观察。

师：大街上的交通工具可真多呀。我们现在来参观一下汽车模型展览吧。

教师引导幼儿通过玩具车，了解火车、汽车、飞机的构造和用途。

教师引导幼儿一边玩一边说什么车、什么颜色、怎样的构造。

（2）教师提问：谁来告诉我，你玩的是什么车？车上有什么？

（3）迁移体验——引导幼儿想一想，乘不同的车有什么感受。

师：能否请小朋友们表演一下乘坐这些车辆的感受？

公交车——小朋友，小脚站稳、小手扶稳、礼貌让座……

摩托车——小朋友抱紧爸爸哦，滴滴滴，过马路要看红绿灯……

小汽车——嘟嘟嘟，小朋友系好安全带……

（4）教师播放如图 2-11 所示的幻灯片，让幼儿观察人物奔跑的动态。

图 2-11 人物奔跑的动态效果图

（5）同伴分享交流，用语言描述抱、站、坐等动态。

3. 想象创作

（1）教师发放材料，小朋友自由选择。

（2）教师引导幼儿确定主题。

师：你们家外出旅行乘坐什么车？去哪儿？都有哪些人去？把你乘车去旅行的场景画出来告诉别的小朋友吧。（小朋友们说得越具体，越高兴，在头脑中的印象就越清晰和深入。）

（3）教师进行作画指导，引导幼儿先画出交通工具，再表现人物动态。

小结 当幼儿涂色时，教师用拟人化的语言提示小朋友们穿上暖暖的厚衣服，把涂

色练习变成幼儿关心同伴的行为，就使原来的涂色要求从一个无意义的行为变成有意义的表现。

作品展示

图 2-12 和图 2-13 所示为大班幼儿的美术作品。

图 2-12 乘车去旅行 张祖业 6 岁

图 2-13 乘车去旅行 武轩宇 6 岁

活动延伸

大班幼儿主题课程由四个模块构成："乘车去旅行""热闹的运动会"是幼儿亲身体验后的创作活动，重点引导幼儿去观察和表现不同场景下人物的动态与情感。"高高矮矮的人"和"我们一起来跳舞"引导幼儿表现集体活动时，如何利用比例关系、运用环形构图方式等表达复杂的场景。

第二节 源于本土，感知民间美术特色与文化

每个地方的民间美术都是当地活的民俗文化，也是当地文化的活化石。关注地方民间艺术文化，打造富有当地特色的课程，是创意美术活动的一个切入点。借此契机可以让本土文化走进幼儿的课堂，激发幼儿对本土美术文化的兴趣，提供感受和体验本土文化的机会，为传承优秀的民族文化传统奠定基础。本土美术资源更接近幼儿的生活经验，更容

易引起幼儿的情感共鸣，教师应该因地制宜挖掘、利用和甄选素材，形成具有特色的美术课程。以河南为例，民间美术主要有罗山皮影、淮滨彩塑、开封朱仙镇木版年画等，始终带着神秘的色彩和古朴的韵味。民间美术不仅仅是一种纯朴的艺术形式，更是民间鲜活的生活的再现，体现了民间艺人精神情感的渗透，更具有感人的魅力，也为幼儿所喜爱。

《3-6岁儿童学习与发展指南》告诉我们，要利用传统节日和民间庆典的机会，带幼儿参观或共同参与传统民间艺术或地方民俗文化活动。传统节日是民间美术的大荟萃。中华民族有许多传统节日和庆典活动，尤其农历春节更是普天同庆、阖家团圆的日子。但是，在经济高速发展的今天，这些节日庆典活动和风俗礼仪，随着居住空间的改变与亲人相聚时间的减少，逐渐演变成个体的观看电视的行为，使得节日的文化内涵和凝聚力削弱。因此，我们选择"欢欢喜喜过大年"这个主题设计活动，目的是让幼儿感受和体验春节的风俗文化内涵，通过春节这个主题，进行中原地区民间美术活动系列学习与表现。幼儿园在设计美术课程的时候，可以依托特定的春节主题活动，将年画、剪纸、民间戏曲表演等相关民间美术形式进行内容整合，引导幼儿感受浓郁的喜庆氛围，如图2-14和表2-2所示。

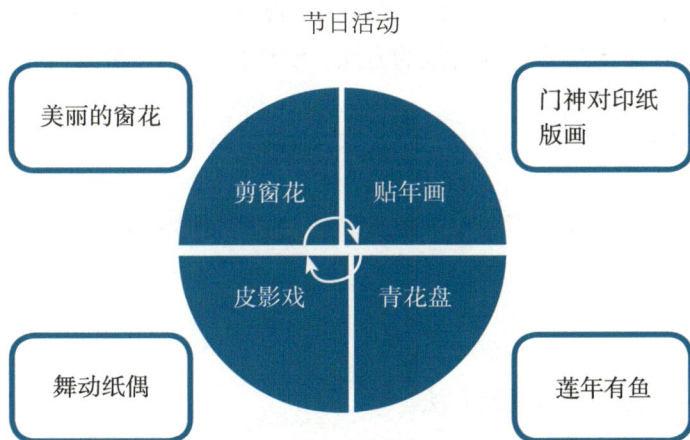

图 2-14　"欢欢喜喜过大年"主题活动设计网络图

表 2-2　主题活动设计计划表

活动场景	主题活动内容	游戏活动	目标	形式	区域活动
家庭装饰	1. 拉手娃娃——美丽的剪纸	手拉手转圈圈	掌握二方连续折纸法并制作拉手娃娃剪纸作品	剪纸贴画	家庭寻宝
	2. 门神对印纸版画（拓展活动）	门神赏析	欣赏朱仙镇木版年画，并了解门神的画法	彩墨画	
	3. 莲年有鱼——青花瓷盘设计	情境故事	引导幼儿运用吉祥纹样表达自己对青花瓷的感受和体验	纸盘设计	
	4. 舞动精灵——手绘皮影	观剧赏析	了解皮影制作的相关材料和制作方法，掌握简易的皮影人物手绘	手绘	

一、拉手娃娃——美丽的剪纸（大班）

设计意图

幼儿都有和家人一起欢度春节的经验，热闹欢腾的节日活动使幼儿积累了大量的感性经验，同时也亲身感受了过年的浓郁氛围。"拉手娃娃"是教师以"欢欢喜喜过大年"为背景开展的系列活动之一，旨在引导幼儿关注家庭场景里面的"民间美术形式"，留心观察在日常生活中的民俗民风。幼儿剪纸学习有目测剪、沿线剪、折叠剪等三个层次。大班幼儿主要运用折叠剪纸，线折叠出纹样具有对称性的二方连续纹样。纸的折叠层次不宜过多，可以简单团花剪纸等。在折叠好后，教师提供拉手娃娃的造型，让幼儿照样把拉手娃娃的形状用铅笔画出来，然后引导幼儿按照轮廓线剪。

活动目标

（1）认知目标：引导幼儿认知拉手娃娃的民俗功能。
（2）情感目标：激发幼儿了解民间剪纸艺术的魅力，增强民族自豪感。
（3）技能目标：掌握二方连续折纸的方法，制作拉手娃娃剪纸作品。

活动准备

多媒体课件、剪刀、勾线笔、拉手娃娃纹样、红纸、黑色卡纸。

活动重点

引导幼儿掌握二方连续折纸的方法。

活动过程

1. 情境故事导入

（1）讲故事引入课程。

师：很久很久以前，每逢过年的时候，就有些剪纸的女人背着纸箱走街串巷，用灵巧的双手剪出吉祥的"福""喜"等漂亮的剪纸，把祝福和快乐送给人们。这些女人还送人"拉手娃娃"贴在门楣上。拉手娃娃张开双腿站立，其寓意暗示妖鬼病魔就不敢进家门。

（2）教师引导幼儿讨论。

师：小朋友们有没有见过这些剪纸呢？在哪里见过呢？

幼：家里过年的时候，会在窗户玻璃上贴些"福"字剪纸。

幼：姑姑结婚的时候，我看见会贴"喜"字剪纸。

（3）打开投影仪，播放幻灯片欣赏"拉手娃娃"剪纸，如图 2-15 所示。

图 2-15　拉手娃娃

教师引导幼儿欣赏拉手娃娃的造型。

第一幅图：他正面站立，圆头、两肩平张、两臂上举、两腿分开。

第二幅图：送钱娃娃，她们手拉手拿着钱，上下两层，意为"上边大神神、下边小神神"。

小结　拉手娃娃，又被称为"抓髻娃娃"，这种剪纸的寓意是：既能保佑家人生命安全，又能够保佑本族人丁兴旺，子孙不断。剪纸娃娃手拉手连一串，神通广大，非常厉害。

2. 观察体验

（1）继续播放幻灯片，欣赏单色剪纸作品。

引导幼儿讨论：这些作品上的娃娃是什么样的？为什么有这么多娃娃手拉手？她们在干什么呢？

（2）迁移体验——观看拉手娃娃剪纸，让幼儿跟老师学一学。

教师引导幼儿模仿拉手娃娃的造型和姿态，并让幼儿一起拉手。

（3）教师先引导幼儿折纸，掌握二方连续折纸方法，然后让幼儿随意剪，体验折纸后再剪的效果。

师：光学学样子还不够哦，我们动手做一做吧，先试一试体验一下。

3. 理解并自由创作

（1）教师发放材料，黑色卡纸、红色剪纸、剪刀、双面胶等材料每人一包。

（2）根据在课堂上对拉手娃娃造型的描摹，教师引导幼儿创作两个以上的拉手娃娃，并提醒他们可以先将纸张折叠然后再进行剪纸，如图 2-16 和图 2-17 所示。

图 2-16　拉手娃娃造型

图 2-17　幼儿创作

（3）在幼儿创作的时候，教师可以提醒幼儿剪出金元宝、钱币等吉祥图案，把自己对家庭生活的美好祝愿表现在拉手娃娃上，剪好后自己贴在黑色的卡纸上。

作品展示

图 2-18 和图 2-19 所示为大班幼儿的拉手娃娃剪纸作品。

图 2-18　拉手娃娃　董家馨　6 岁

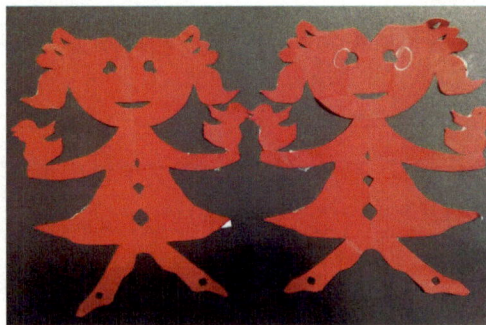

图 2-19　拉手娃娃　连常浩　6 岁

活动延伸

教师通过设计"拉手娃娃"剪纸的活动，让幼儿理解其内涵及民俗功能。以此类推，教师引入春节的对联、年画门神、灶神及家里摆设用的青花瓷瓶和厨房常见的青花瓷盘等内容，重点以开封朱仙镇木版年画为内容设计"门神对印纸版画"系列美术活动。

二、"莲年有鱼"——青花瓷盘设计（大班）

🎨 设计意图

本次活动是以青花瓷欣赏为切入点，帮助幼儿了解青花色彩和纹样的特点。以幼儿常见的"盘中鱼"为主题纹样，既符合幼儿生活经验，又切合"莲年有鱼"的吉祥寓意——连年有鱼，使得青花瓷"审美"和"祝福"的双重文化功能凸显出来。本次活动的设计目的是让幼儿能够理解并结合自己的生活经验，掌握中心纹样的绘画方法。

🎨 活动目标

（1）认知目标：认知"莲年有鱼"的纹样寓意及青花瓷盘的魅力。

（2）情感目标：激发幼儿了解传统青花瓷盘的兴趣，促进幼儿热爱传统文化。

（3）技能目标：引导幼儿学会运用吉祥纹样装饰和白底蓝花清新淡雅的色彩。

🖌 活动准备

青花瓷盘图片课件、纸盘、蓝色颜料、棉签、画笔、《青花瓷》背景音乐。

🚩 活动重点

引导幼儿运用吉祥纹样表达自己对青花瓷的感受和体验。

🎥 活动过程

1. 情境导入

（1）谈话导入，激发幼儿对青花瓷的兴趣。

师：你们都见过瓷盘吗？你们平时家里吃饭用的是什么样子的盘子呢？

师：今天老师准备了一些瓷盘的图片，我们一起看看，这些瓷盘给你们带来什么样的感受？

（2）教师和幼儿一起欣赏如图 2-20 和图 2-21 所示的青花瓷盘。师生一起在优美的背景音乐中观看青花瓷盘课件，感受和初步了解青花瓷的色彩、纹样的美。

图 2-20　青花瓷盘（一）

图 2-21　青花瓷盘（二）

师：这些瓷盘上有哪些颜色？白色的是什么？蓝色的是什么？（白色的是瓷盘，蓝色的是上面画的各种花纹）

师：这些蓝色一样吗？哪里比较深？哪里比较浅？它和白色在一起给人什么感受？

（3）了解"青花瓷盘"的名称由来。

师：你们知道吗？这些瓷盘上深深浅浅的蓝色还有一个名字叫"青色"，在白色底上画的青色花纹，我们叫作"青花"，这些瓷盘叫作青花瓷盘。

2. 感知体验——"莲年有鱼"吉祥纹在青花瓷盘上的运用

（1）了解青花瓷盘花纹。

师：青花瓷盘除了色彩很漂亮外，还有哪里让你觉得很漂亮？（花纹）

师：有哪些花纹？（有动物、植物、人物、风景）

（2）"莲年有鱼"吉祥纹样。

教师播放如图 2-22 所示的幻灯片，请幼儿欣赏，分别说说盘上画的是什么纹样。

图 2-22　青花瓷盘

师：除了这些常见的纹样外，还有一种吉祥纹样，不仅能让青花瓷盘更美丽，还能把美好的祝福带给大家，比如把鱼画在盘子上，祝愿大家连年有余。它是借用莲和

"连"、鱼和"余"的谐音，画出莲花和鱼两种形象暗示年年丰收之意，是人们称颂祝贺之词。

（3）了解青花瓷盘的"鱼"纹的布局结构。

师：让我们再看看，这些鱼都画在瓷盘的什么地方？（有的画在瓷盘中间，有的画在边上，都很漂亮）

3. 自由创作

（1）教师介绍材料和绘画方法。

师：今天老师准备了纸盘、深深浅浅的青色颜料和画笔，我们也试试画一个青花盘吧。我们运用"莲年有鱼"纹样，把鱼儿画在盘中吧，可以先从中心开始画。

（2）幼儿创作，教师巡回指导。

教师指导幼儿在纸盘中以"鱼"为主，大胆表达自己的愿望和祝福，在绘画的时候可以用棉签帮忙点画，可以引导幼儿在鱼的周围添加一些相关形象，丰富图案内容，降低表现难度。

（3）拓展幼儿对青花瓷的经验，提示幼儿"莲年有鱼"吉祥纹样还有很多，让幼儿回去以后再找一找，看看那些吉祥纹样都有哪些美好的寓意。

作品展示

图 2-23 和图 2-24 所示为大班幼儿的青花纸盘作品。

图 2-23　青花纸盘　陈思涵　6 岁　　　　图 2-24　青花纸盘　于鑫婷　6 岁

活动延伸

在青花瓷盘的设计中，教师引导幼儿欣赏不同的青花瓶造型，启发幼儿在白底瓶子上制作青花图案。

三、舞动的精灵——手绘皮影人（大班）

设计意图

　　罗山皮影是河南民间优秀的传统艺术表演形式，它集说、唱、演为一体，具有深厚的艺术内涵和文化价值。皮影造型独特，富有装饰感，大量运用中国戏曲元素的图案。欣赏和制作皮影能帮助幼儿了解更多的民间艺术形式和民俗文化。皮影课程的开展重点在于引导幼儿欣赏，皮影制作过程复杂不太适合幼儿在短时间内完成，因此活动可以分两个课时进行。教师可以首先引导幼儿尝试在刮画纸上创造侧面手绘皮影人的活动，掌握皮影造型特点及色彩的运用，同时结合戏曲人物的发型、服饰的特点进行装饰。

活动目标

　　（1）认知目标：欣赏河南罗山皮影，感受其造型、色彩及形象的美。

　　（2）情感目标：激发幼儿探索、了解皮影的表演形式并对皮影产生兴趣。

　　（3）技能目标：了解皮影制作的相关材料和制作方法，掌握简易的皮影人物手绘。

活动准备

　　多媒体课件、剪刀、勾线笔、拉手娃娃纹样、红纸、黑色卡纸。

活动重点

　　引导幼儿了解皮影的侧面画法，学会手绘皮影人。

活动过程

1. 情境导入

　　（1）谈话引入课题。

　　师：小朋友们喜欢看动画片吗？你们知道吗？在电视和电影没有发明之前，人们喜欢看一种类似于动画片的表演，它就是皮影戏。

　　师：你们看过皮影戏吗？今天老师请你们观看一段皮影戏。请你和自己看过的动画片比较一下，看看有什么不同。

（2）欣赏罗山皮影戏《哪吒闹海》，播放视频资料。

师：你们看到了什么？你觉得和你看的动画片《哪吒闹海》有什么区别呢？（初步感
　　知皮影戏的神奇，发现皮影的特点——幕后有人操作）

（3）认识罗山皮影，了解皮影戏的表演方式。

师：既然小朋友们这么好奇皮影戏表演幕后藏着什么，那就给大家看一看。
　　（幕布的遮挡、形象的皮影及生动有趣的配音，皮影戏的这些特点适合幼儿心理，
　　能迅速刺激幼儿继续探索的欲望）

2. 理解体验

（1）教师播放幻灯片，展示如图 2-25 所示的皮影图片，并讲解皮影的特点、造型。

（2）了解皮影戏需要的道具。

师：皮影表演需要有亮子（白布）、灯光、皮影人、人、乐队。

图 2-25　皮影

（3）教师播放幻灯片——皮影的制作过程，引导幼儿观察皮影，简单了解皮影的制作
过程。

　　师：你们有什么发现吗？

　　（皮影人是侧面脸，皮影人是可以活动的）

　　小结　每一个皮影人都是不同的，因为它们表现的是不同的人物；皮影人的结构设计
得很巧妙，皮影人的每个关节都可以活动，这样表演起来才生动传神。皮影人的脸和身子
都是侧面的，可以左右动作，这样在幕布上演出就像真的人一样。

3. 尝试手绘皮影人

（1）教师给幼儿发放材料：刮画纸、竹签、卡纸、水彩笔等工具。

（2）教师引导用马克笔画出人物的侧面脸，可以让某个幼儿做模特，侧面站好，其他幼儿观察侧面人物特点。教师还可以提供侧面人模具，让幼儿使用模具拓画。同时，教师准备关于衣服、发饰等资料图片，供幼儿参考。

（3）幼儿制作，教师巡回指导。

作品展示

图 2-26 和图 2-27 所示为大班幼儿的手绘皮影人作品。

图 2-26　手绘皮影人　周雨辰　6 岁　　　　图 2-27　手绘皮影人　刘泓锐　6 岁

活动延伸

在手绘皮影人的侧面造型的基础上，教师引导幼儿尝试做一个皮影人。利用磨砂胶片和马克笔制作，选取皮影制作的关键点，简化制作方法。这样既满足幼儿尝试制作的愿望，又突出皮影人物造型的特点。先用磨砂皮代替牛皮，教师将制作流程图贴在墙上供幼儿参照：画侧面人—裁剪关节—着色—塑封—连接关节—上操作棒。营造表演的氛围，以台灯配幕布，激发幼儿完成皮影人制作的信心。

第三节 传承经典，走进博物馆与实物面对面

《3-6岁儿童学习与发展指南》中明确指出，幼儿园应创造条件让幼儿接触多种艺术形式和作品，有条件的情况下，带幼儿去剧院、美术馆、博物馆等欣赏文艺表演和艺术作品。博物馆不仅藏品丰富，而且也具有教育的功能，幼儿园可以进行资源整合，满足幼儿的多重需求。

（1）博物馆课程资源的开发与利用，是当地幼儿园园本课程开发的新方向和动态。它能弥补幼儿园美术课程结构单一，以学科知识教学为主忽略幼儿实际生活体验，以视频图像为主忽略幼儿与实物接触的真实感受等不足之处。对于幼儿来说，语言、故事、图片都没有踏进博物馆亲眼看到文物来得真实可靠。无论图片怎么逼真，也代替不了亲眼见到千百年前的文物上的裂纹来得震撼，无论屏幕上的作品显示得多么清晰，都无法取代近距离观赏画布上的颜料的笔触感。带幼儿去博物馆，就是让他感受艺术与文化的最好方式。

（2）博物馆是跨学科学习的最佳场所，有助于多学科多重思维方式的融合。

博物馆应该成为幼儿了解当地文化、历史与艺术的窗口。基于博物馆藏品开展美术活动，能够通过欣赏当地某一特定藏品，发展幼儿的语言、历史、文化与思考创造能力等综合能力，同时能够引导幼儿以直接经验为基础，感悟美与欣赏美，培养发现美的眼睛，进而可以创造美。

（3）基于当地博物馆特色资源，设计符合幼儿认知和心理特点的美术活动。

博物馆藏品丰富，内容多样，但不是都适合幼儿欣赏与表现。教师在引导幼儿参观的时候，应该选择符合幼儿认知和心理特点的展览与藏品，设计亲子美术活动。面对远古文物，比如高冷青铜器、战国编钟、古代实木家具、古城阳城遗址等，由于远离幼儿实际生活经验，幼儿很难理解背后的历史文化内涵。如何拉近幼儿与这些文物之间的距离呢？教师选择以"文物动物园"为主题，如图2-28和表2-3所示，吸引幼儿的兴趣。恰逢狗年，借此契机入馆开展主题系列活动，以汉代陶狗、淮阳泥泥狗、动物造型青铜器及以动物纹饰为装饰的青铜饕餮纹为线索，引导幼儿初步了解古代社会、生活、信仰及文化，扩大幼儿视野。

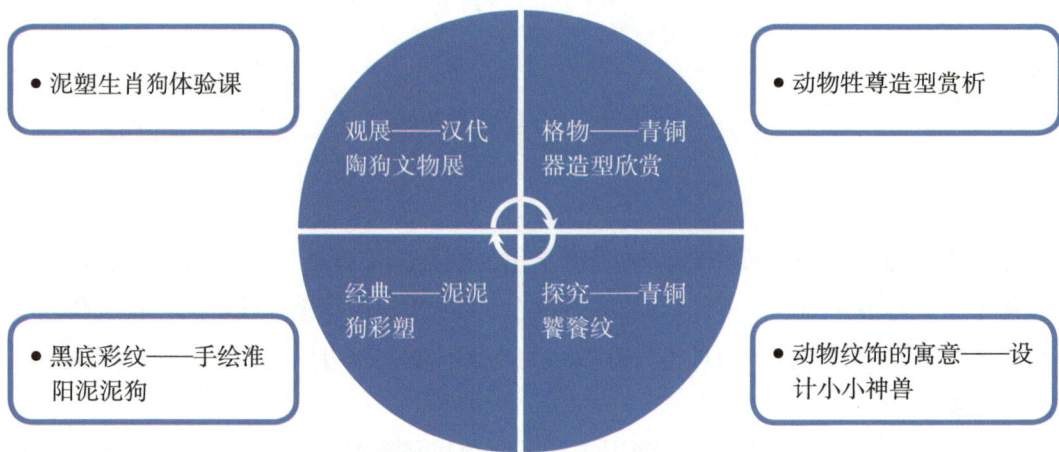

图 2-28   文物动物园主题设计网络图

表 2-3   以河南信阳博物馆资源为例开展"文物动物园"主题活动计划表

活动主题	主题内容	游戏活动	目标	形式	区域活动
文物动物园	1. 陶狗纳福——泥塑生肖狗	观展	引导幼儿掌握简单的泥塑制作方法	黏土制作	收集文物资料、图片展览
	2. 黑底彩纹——泥泥狗彩塑（拓展活动）	观展	掌握泥泥狗的色彩特点	刮画泥泥狗	
	3. 青铜器尊——萌萌的动物尊	赏析	引导幼儿了解青铜象尊造型、功能与制作	赏析	
	4. 饕餮纹饰——贪吃的小怪兽	赏析	引导幼儿掌握饕餮兽面纹样的特点，并用线描手法去创作	线描	

一、陶狗纳福——泥塑生肖狗（小班）

设计意图

　　幼儿天生对动物有着非常浓厚的兴趣，他们喜欢模仿动物的叫声、动作。教师带幼儿走进博物馆，根据幼儿的喜好，选择以"神奇动物"为主题，借信阳博物馆喜迎狗年将河南南阳汉代陶狗近百余件栩栩如生的实物展出的契机，让幼儿近距离欣赏陶狗、感知陶狗的造型风格后，设计美术活动陶狗纳福——泥塑生肖狗。泥塑需要幼儿双手协调配合，对锻炼幼儿的手指精细动作及协调能力有好处。狗的五官部分的塑造还是有难度的。教师需要层层递进，由浅入深，引导幼儿观察，创作幼儿自己喜欢的动作和姿态。

活动目标

（1）认知目标：引导幼儿认知彩塑泥泥狗的造型特点。

（2）情感目标：激发幼儿了解民间泥塑艺术的魅力，增强其民族自豪感。

（3）技能目标：掌握捏、搓、压等手法制作泥塑小狗。

活动准备

多媒体课件、彩塑泥泥狗样本、超轻黏土。

活动重点

引导幼儿掌握简单的泥塑制作方法，训练幼儿的手的动作灵巧性。

活动过程

1. 情境导入

（1）带幼儿参观展览。

河南信阳博物馆在假日期间举办为期三个月的"南阳汉代陶狗文物展"，如图2-29和图2-30所示，教师组织幼儿参观，或者请家长带幼儿参观河南博物院迎新年举办的"骏犬啸天——戊戌狗年生肖文物图片联展"，让幼儿有直接的观赏体验。

图 2-29　汉代陶狗（一）

图 2-30　汉代陶狗（二）

（2）教师播放幻灯片，引导幼儿欣赏，增加幼儿观赏体验。

师：这些是穿越千年历史，展现在我们面前的陶狗，让我们看看这些千年萌宠是什么样子吧。

师：这些陶狗的头部是什么样子的？头上有什么？（引导幼儿欣赏和分析狗的形象）

师：这些陶狗的身体是什么样子的？有什么样的姿势动作呢？（引导幼儿观赏陶狗的造型、动作姿态）

师：这些陶狗从哪里来的呢？

（它们是汉代墓葬出土的文物。它们在主人死后，陪伴着主人的亡灵，是主人忠诚的伙伴）

2. 理解体验

（1）教师播放幻灯片，引导幼儿欣赏陶狗的不同姿态，感受陶狗的艺术特点。

师：这些陶狗在干什么？你最喜欢哪一只？

（3）教师向幼儿讲述"十二生肖狗"的故事。

师：这些陶狗不仅造型优美，还是人类忠诚的伙伴。

3. 自由创作——让我们制作一只生肖狗

（1）教师发放材料。

（2）教师引导幼儿观察材料并演示、讲解"狗"的塑造方法。

塑造躯干部分：教师引导幼儿取一块泥，双手搓成粗的圆柱。用泥工刀切分，捏出四肢部分。

塑造狗的头部与尾部：教师引导幼儿再取一块泥，团一个泥球，从两边捏出两只灵敏的耳朵，把头在身体部分固定好。

塑造狗的面部五官：教师引导幼儿看看狗还缺少什么，然后做出狗的眼睛、鼻子、嘴巴，最后摆出狗的姿态动作。教师提醒幼儿泥是软的，只有弯一弯，才能做出他们想要的动作。

（4）教师协助并巡回指导。

作品展示

图 2-31 所示为幼儿泥塑生肖狗的体验展示。

图 2-31　泥塑生肖狗体验展示

✏️ **活动延伸**

幼儿参观展览后，通过动手制作泥狗，掌握泥塑生肖狗的造型和捏塑方法，以此为基础，幼儿可以进一步了解淮阳泥泥狗等经典馆藏品，通过对比泥泥狗造型与色彩特点，掌握泥泥狗黑底彩纹的装饰特点。教师引导幼儿动手制作，加深幼儿对彩塑泥泥狗的认知，可开展美术活动"经典赏析——手绘淮阳泥泥狗"。

二、青铜器尊——萌萌的动物尊（中班）

🎨 **设计意图**

青铜器本身因年代久远与幼儿的生活没有直接关系，如何拉近它们与幼儿的距离，将这些冷冰冰的艺术品以生动、有趣的方式吸引幼儿感受其魅力，是博物馆美育的难点。本次活动选取一种比较特殊的"动物尊"，非常有趣可爱，造型萌萌的，比较适合幼儿的欣赏品味。教师引导幼儿观察这些青铜器动物尊的造型特点与特色，激发幼儿的好奇之心。在博物馆欣赏展品，需要思考和学习，而不是让幼儿走马观花式地欣赏，要培养一种观念——欣赏艺术品需要慢慢积累美感经验。教师适当地进行讲解与引导，可以让幼儿的思维能力变得更加丰富和多元。

🖌️ **活动目标**

（1）认知目标：引导幼儿了解青铜象尊的造型、功能与制作。
（2）情感目标：激发幼儿对青铜器"动物尊"的喜欢之情。
（3）技能目标：能够辨别不同的动物尊的造型特点与功能。

活动准备

（1）幼儿参观博物馆。

（2）教师制作相关幻灯片，准备各种动物造型的青铜器图片。

活动重点

引导幼儿掌握象尊的造型特点与功能。

活动过程

1. 情境导入

（1）教师以幼儿参观博物馆"牲尊"为切入点，引导幼儿回忆这些青铜器的造型。图 2-32 和图 2-33 所示分别为商代的牲尊、象尊。

（2）教师播放课件，请幼儿欣赏动物造型的青铜器。

（3）教师引导幼儿感知青铜器，并让幼儿与同伴交流青铜器的样子。

图 2-32　牲尊　商　信阳博物馆藏　　　　图 2-33　象尊　商　现藏于美国弗利尔博物馆

2. 理解体验

（1）教师引导幼儿认知什么是"尊"。

师：尊是古代人们用来装酒的一种器具，是一种大而圈足的盛酒器，盛行于商和西周。

师：请小朋友们联系现在，人们是用什么装酒呢？

小结　尊就是我们用来装酒的工具。

（2）教师引导幼儿理解什么是"动物尊"。

师：尊多以动物形态为造型，寓意生活富裕，尊的形体可分为有肩大口尊、弧形尊、
　　鸟兽尊等三类。

教师继续播放不同种类的动物尊图片，引导幼儿欣赏。

（3）教师引导幼儿了解什么是"青铜动物尊"。

师：青铜动物尊，就是用青铜材料制作的动物形象的尊，主要是用作装酒的容器，也
　　是一种身份地位的象征。

3. 深入赏析动物尊的纹样

教师引导幼儿欣赏动物尊的纹样，了解这些纹样的寓意与内涵。

作品展示

图2-34所示为藏于宝鸡青铜博物院的鱼尊与象尊。

图2-34　鱼尊与象尊　宝鸡青铜博物院藏

活动延伸

教师引导幼儿欣赏不同种类的动物尊，并让幼儿尝试用黄泥或黏土制作动物尊。

三、饕餮纹饰——贪吃的小怪兽（大班）

设计意图

博物馆藏品丰富，是对幼儿进行审美教育的第二课堂。地方博物馆是一个城市的文
化、历史、自然、科学和艺术的聚宝地，是幼儿园培养幼儿的审美意识和博物意识的最好

途径。基于博物馆藏品开展美术活动，能够通过某一特定藏品，促进幼儿的语言、历史、文化与思考创造等综合能力的发展。本次美术活动以信阳博物馆第三展厅"淮上诸侯"之"殷商之息"展览为契机，以殷商时期青铜纹饰为欣赏主题，将青铜器皿饕餮纹饰的内涵用讲故事的形式引导幼儿理解，并通过"贪吃的小怪兽"美术活动，诱导孩子将内心的审美体验表现出来，以避免教师"蜻蜓点水"式的讲解和幼儿"走马观花"式的欣赏。

活动目标

（1）认知目标：引导孩子了解历史，认知青铜纹饰的特点。

（2）情感目标：激发幼儿对青铜兽面纹饰的兴趣。

（3）技能目标：会采用对称法绘制兽面纹。

活动准备

幼儿参观博物馆、制作相关幻灯片、准备活动材料等。

活动重点

重点引导幼儿掌握饕餮兽面纹样的特点，并用线描手法去创作。

活动过程

1. 情境导入

（1）有组织地带幼儿参观信阳博物馆，在三厅"淮上诸侯"之"殷商之息"主题展览中，有很多青铜器。教师引导幼儿欣赏，拉近与幼儿的距离，这些看起来奇形怪状的金属瓶子罐子，是殷商时期的锅碗瓢盆。

（2）教师激发幼儿观赏体验，讲解这些透着青色满是怪兽花纹的金属器物的用途。

这些形状各异的青铜器用途也不一样。比如：挺着大圆肚和大耳垂的是簋，长着三条腿儿的是鼎，肚子大而嘴巴小，有盖和提梁的装酒器就是卣，有三条细腿饮酒用的称作爵，相当于现在的酒杯，如图 2-35 和图 2-36 所示。

图 2-35　商　饕餮纹鼎

图 2-36　周　息父辛爵

师：古人划分青铜的用途就是很简单，容器下面竖着腿儿的就是炊煮器，容器下面盘起腿儿的就是盛放器。

（3）教师播放爵、斝、鬲幻灯片，引导幼儿观赏完各种形状的青铜器后，教师提问，引导幼儿观察这些器物上的纹样有什么特色。

小结　激发幼儿的想象力，将认知难度高的青铜器皿变成可以由孩子们支配的做饭的炊具，在孩子眼里变成了"过家家"的游戏，他们想象着自己拿着"爵"喝水，在"斝"里装酒，用"鬲"煮饭，在"豆"里放香喷喷的饭菜等。每一件比较难懂的青铜器皿都被合理使用。

2. 理解体验

（1）故事导入——教师讲述神秘的怪兽"饕餮"的传说。

师：饕餮是古代传说中的神兽，它最大的特点就是能吃。它是人们想象中的神秘怪兽，它只有面部，没有身体，是为什么呢？原来是因为它太能吃了，见到什么就吃什么，十分贪吃，由于吃得太多，最后被撑死了。

（2）教师引导幼儿思考神秘的兽面纹为什么装饰在这样的青铜器上？

师：这些神秘的兽面饕餮纹，装饰在青铜鼎上，起到震慑的效果。除了用在日常生活器具上，这种恐怖的饕餮纹兽面纹还被铭刻在国家祭祀用的大鼎上，被称为"九鼎"。饕餮曾作为威慑九州的神兽，象征国家的中心权力。

（3）教师引导幼儿重点将注意力放在不同器物上的"饕餮纹"上，观察这些纹饰的特点。教师播放幻灯片，如图 2-37 所示，仔细讲解"饕餮纹"的构成与特点。

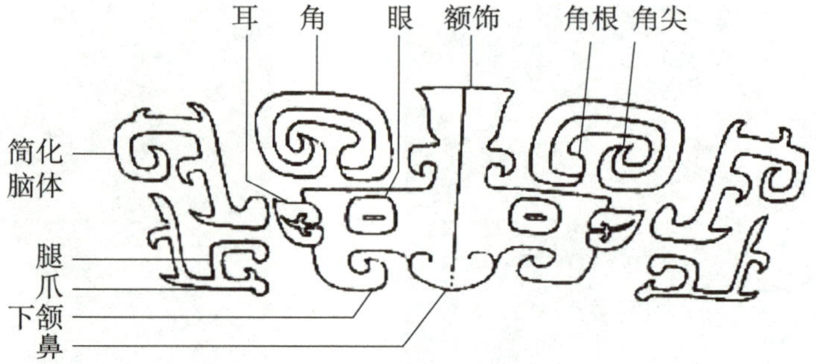

图 2-37　饕餮纹饰构成

3. 自由创作

（1）教师发放材料：彩色卡纸、素描纸、马克笔。

（2）教师引导幼儿想象，创作一只贪吃的小怪兽。

（3）教师引导幼儿用马克笔画出怪兽的面部纹样，以鼻子为中线，重点引导幼儿做到对称式纹样设计。

（4）幼儿与同伴交流，教师巡回指导。

作品展示

图 2-38 和图 2-39 所示为幼儿创作的美术作品"贪吃的小怪兽"。

图 2-38　贪吃的小怪兽　郑佳林　6 岁

图 2-39　贪吃的小怪兽　徐培炎　6 岁

活动延伸

本课在介绍不同青铜器的用途后，以藏品《青铜饕餮鼎》中的"饕餮兽面纹"为重点，由教师引导幼儿发挥想象，设计"贪吃的小怪兽"作品。以此为经验，教师可以进行拓展活动，比如结合万圣节，在幼儿园举办假面舞会，利用饕餮兽面纹设计拓展课程《饕餮兽面纹面具》，让幼儿戴在头上进行表演。

第四节 跟随大师，欣赏不同的艺术风格

幼儿不仅要经常去博物馆或美术馆近距离欣赏实物，还要欣赏古今中外艺术大师的名画。这些久经时间的洗礼而被视作经典的作品，是对幼儿进行审美教育与提升幼儿美感的重要途径。幼儿的美术活动，首要任务是激发幼儿的眼睛对某主题视觉图像的体验、提升感知水平、提高对不同风格作品的欣赏力及对美术文化的理解力。因此选择适合幼儿年龄和审美心理的名家名作欣赏课程，成为幼儿园美术活动的重要组成部分。那么怎样让幼儿跟随大师，走进名画与大师亲密接触呢？

（1）经典名作欣赏，重点激发幼儿内心感受，与作品发生意义的关联，而不是单纯地分析作品的色彩与构成。尹少淳认为，艺术欣赏的目的并不是要分析一幅画或了解一件艺术品，而在于辨别作品的价值并与之发生意义的关系，因此，必须注意作品的题材，另外还要对艺术家使用的方法有所体验。[①]

（2）根据幼儿审美心理，选择合适的内容和主题。名家名作多如繁星，教师必须站在幼儿的视角，选择符合幼儿的认知、贴近幼儿的生活体验的作品。外国经典作品、古典写实油画就不太适合幼儿赏析。因为学前幼儿正处于涂鸦期和图式期，过早地接触写实作品会让幼儿产生"我不会画的"心理压力。教师要以"童趣"的眼光选择能激发幼儿想象力、拓展幼儿表现空间的抽象绘画、超现实绘画，或者行动绘画、波普艺术等具有艺术感染力和亲和力的佳作。

（3）根据幼儿的年龄特点，设计不同阶段的欣赏目标。

儿童早期的审美欣赏，尽可能从简单明了而基础的东西开始。[②]小班开设名作欣赏课的时候，要以渗透体验式，引导幼儿凭直觉和经验作画，选择的内容要符合幼儿涂鸦期的作画特点。中班幼儿处于从涂鸦期过渡到象征期，喜欢运用简单的线条和圆形表示事物，教师设计此时期的美术活动时应选择简单的艺术元素、点、线、形、色彩等抽象艺术作品，主要目的是拉近中班幼儿与大师的距离，引导幼儿欣赏并喜欢名作中色彩、能通过简

① 尹少淳.罗恩菲德美术教育思想评析.中国美术教育，1998（5）.
② 荷伯豪斯，汉森.儿童早期艺术创造性教育.邓颖琪，译.南宁：广西美术出版社，2009.

单的图形进行审美想象、养成集中注意力观察的习惯，让幼儿学会"艺术地看"。

大班则训练幼儿跳出常规的思维模式，拓展幼儿的视知觉体验，让幼儿学会"不一样地观看"，将幼儿零散的欣赏经验、感受和创作进行整合，建构幼儿自己的知识体系和创作方法。具体活动设计如表 2-4 所示。

表 2-4   名家名作欣赏活动计划表

活动主题	主题内容	游戏活动	目标	形式	区域活动
小班 线与色的涂鸦——小小行动艺术家	1. 效法波洛克——快乐地涂涂画画	涂鸦游戏	让幼儿运用不同材料自由涂鸦，体验涂鸦的乐趣	涂鸦画	张贴艺术家的作品，设置小小画廊，让幼儿学会"自由地看"
	2. 我的波点服装秀	比赛游戏	让幼儿尝试运用不同的涂鸦点设计服装	服装秀	
	3. 认识吴冠中——好玩的吹墨滴洒画	泼墨涂鸦游戏	让幼儿运用水墨涂鸦，体验自由涂鸦的乐趣	吹墨画	
	4. 爱玩游戏的线宝宝	线条游戏	让幼儿体验线的神奇变化	线描画	
中班 花儿朵朵开——我也是抽象大师	1. 走进姬欧芙——我也画一朵抽象花	拓展活动	培养幼儿的观察能力	抽象画	采集花卉标本或图片，让幼儿学会"艺术地看"
	2. 北宋《出水芙蓉图》赏析	拓展活动	引导幼儿感受不同的技法产生的效果	线描画	
	3. 与梵高相遇——好多旋涡转呀转	赏析活动	引导幼儿感受不同笔触产生的效果	水粉画	
	4. 安迪沃霍尔版画花卉赏析	拓展活动	引导幼儿发现身边的材料功用	胶片画	
大班 熟悉的陌生——小小立体派	1. 探究毕加索——奇怪的大脸	赏析活动	引导幼儿理解毕加索人物侧面脸的特征	拼贴画	大班幼儿对空间、场景有一定的理解，教师让幼儿跳出常规的空间模式，学会"不一样地看"
	2. 漫画欣赏——哈哈镜里的人	拓展活动	引导幼儿理解形状的变异	剪纸画	
	3. 思索马格利特——眼睛里的故事	赏析活动	引导幼儿观看周围的生活，画出眼中的故事	彩笔画	
	4. 达利的梦幻世界	拓展活动	引导幼儿感知达利的作品的梦幻特点	想象画	

一、效法波洛克——快乐地涂涂画画（小班）

设计意图

小班幼儿天性喜欢涂鸦和无拘束地作画，波洛克的作品看似偶然滴洒、随意涂抹，对幼儿有一种自然的亲和力。本次活动通过呈现大师波洛克的创作方式和演示作画过程，拉近幼儿与大师的距离，使幼儿产生"我也会画"的自信心。大师创作的激情和不拘一格的创作方式，对鼓励幼儿大胆探索、自由创新有很深的影响。本次活动通过让幼儿体验滴洒画的创作，让幼儿不再对颜料、色彩和画布产生畏惧，通过欣赏大师作品，开阔幼儿视野，提高创作兴趣，并在欣赏中发展其创造力与表达能力。

活动目标

（1）认知目标：让幼儿欣赏画家波洛克的作品，感受画面丰富的表现技法。
（2）情感目标：激发幼儿对各种媒材的表现特征的兴趣和尝试涂抹的愉悦感。
（3）技能目标：引导幼儿尝试运用各种材料大胆滴、洒、涂抹等。

活动准备

多媒体课件、波洛克的作品、敞开口的大小瓶子、玩具洒水壶、小皮球、红黄蓝绿紫等水粉颜料画纸一张。

活动重点

重点引导幼儿大胆运用不同材料，自由体验涂鸦的乐趣。

活动过程

1. 情境导入

（1）谈话导入——不用画笔也能画，吸引孩子的兴趣。

师：小朋友们，今天老师带大家欣赏一幅幅神奇的画，这些画可以用好玩的材料，比如玩具小车、小瓶子等代替画笔。大家想不想知道是什么样的画呢？

（2）播放幻灯片，引导幼儿欣赏波洛克的作品，如图2-40和图2-41所示。

师：美国有一位大画家，叫杰克逊·波洛克。他画了很多特别的画，让我们来看看。

（逐幅欣赏，帮助幼儿了解波洛克的创作风格）

师：你在画面中看到了什么呢？什么样的线条？

（乱乱的线条）

这幅画是什么颜色？

（红、黄、紫）。

图 2-40　波洛克的作品（一）

这幅画除了有线条外，还有什么？

（大大小小的色块、大大小小的点）

图 2-41　波洛克的作品（二）

（3）通过欣赏，引导幼儿认知波洛克创作的滴洒画。

师：这些画颜色丰富，有各种流淌的线条和色块，看上去像各种奇妙的东西，我们把
　　它叫作"滴洒画"。

2. 理解体验

（1）问题讨论：请小朋友们猜猜，画家是怎样创作这些作品的呢？他用的是什么工具？

师：这就是画家波洛克（如图 2-42 所示），他正在一手提着有洞的水桶，一手拿着刷
　　子，在大大的画布上又是滴又是洒。原来他在用滴洒的方式画画呢，有时候，他

还把沙子、石头放在颜料里，一边走一边画，你们觉得好玩吗？

（2）教师模仿画家作画，示范表演。

师：老师也来学一学，你们仔细观察哦。

（通过引导幼儿体验画家和老师的演示状态和创作过程，帮助幼儿建立自己的创作方式）

图 2-42　波洛克创作过程

3. 自由创作

（1）教师发放材料，让幼儿自己选择。

（2）提出创作要求：今天老师给小朋友们准备了大大的画布，还准备了各种奇怪的材料，你们可以像大师一样，运用各种工具创作哦。

（3）鼓励幼儿放松，大胆尝试，体验自由涂抹的乐趣。

（4）教师巡回指导，提醒幼儿用完材料放到合适的地方。

作品展示

图 2-43 所示为某幼儿园小班集体创作的作品。

图 2-43　某幼儿园小班集体创作的作品

活动延伸

　　幼儿在自由涂抹的过程中，越来越放得开，他们体验到涂鸦创作的乐趣。因此，教师可以将画纸换为画布，引导幼儿在画布上作画。比如在白色的纯棉文化衫上，涂抹各种形状的"波点"。教师组织"波点时装秀"活动，让幼儿当一回小小的服装设计师，并让幼儿穿在身上展示。

二、认识吴冠中——好玩的吹墨滴洒画（小班）

设计意图

　　吴冠中的抽象水墨画与波洛克的"滴洒画"有非常多的相似之处，二人在绘画领域都敢于冲破传统枷锁进行创新。吴冠中在传统笔墨的基础上，大胆使用板刷工具，尽情挥洒。波洛克也是一反常规，突破了架上绘画，运用泼溅方式，注重绘画身体行动过程和情绪的释放。教师在设计课程的时候，将两位艺术家并置，引导幼儿观赏比较两者的创作思想的相通之处及因地处不同国家和环境而呈现出的不同的创作面貌。小班的名画欣赏教学难度比较大，因此在选材的时候考虑到小班幼儿活泼好动、爱玩的天性，选择"游戏涂鸦"的方式，"浸润体验式"的欣赏方法，以"认识吴冠中——好玩的吹墨滴洒画"为主题，让孩子们在找找、玩玩、变变、涂涂的游戏中走进大师，在玩耍中受到艺术的熏陶。在具体活动过程中，教师可以让幼儿体验用水墨和毛笔在宣纸上作画的效果，一改传统的教授用笔方法，运用拟人的手法和引导语，指导幼儿画出不同粗细的线条。

活动目标

（1）认知目标：让幼儿欣赏大师作品，认知墨的神奇。

（2）情感目标：激发幼儿对线条组合产生不同联想。

（3）技能目标：让幼儿能够通过线条涂鸦，画出想要的图形。

活动准备

多媒体课件、背景音乐《天籁森林》、毛笔、宣纸、国画颜料、墨。

活动重点

重点引导幼儿掌握线条交叉、重叠后的变化，以及线条之间有趣的组合。

活动过程

1. 情境导入

（1）谈话导入。

播放背景音乐，展示幻灯片，让幼儿观察图片，如图 2-44 所示。

图 2-44 幼儿园的树

师：我们幼儿园有很多树，这些树的树枝分别是什么样子的呢？看起来像什么？

（树枝交错，像妈妈的头发）

师：小朋友们想象一下，自己就是一棵树，手臂和手指就是树枝，自由运用肢体动作模仿一下树枝的生长方向吧。

（2）引入吴冠中的水墨作品。

师：和波洛克滴洒绘画相类似，在中国有一位吴冠中老爷爷，利用墨和色创作了很多优秀的作品，他也画了很多的树（如图 2-45 所示）我们来看看他都画了什么。

图 2-45　吴冠中的水墨作品

2. 理解体验

（1）教师播放幻灯片，展示吴冠中的水墨作品《树林》系列，如图 2-46 所示。

图 2-46　吴冠中　纸本水墨　树林

师：你们看到画面上画的是什么？（树林）用什么画的？

师：画面中树枝是什么样子？树干呢？树枝往哪儿长的？

（有的树枝粗，有的细）

师：这些细细的、黑黑的粗的墨线是什么呢？

（是树干）

师：画面上除了黑色的墨线和墨块以外，还有什么呢？

（2）教师引导幼儿深入观察、了解画面形式美及律动。

师：有人说树林就是鸟的天堂，想象一下，小鸟在树林里面都干什么了呢？它们藏在哪里？找一找。

（3）教师引导幼儿理解画作名称及形式。

3. 自由创作

（1）教师介绍水墨画工具材料、宣纸的特性。

（2）引导幼儿尝试用水墨工具画出长、短、粗、细、轻重不同的线条，感受水墨的画面效果。

（3）引导幼儿在宣纸上运用墨线和滴洒颜料的方式创作。

教师提示：如何画出弯弯曲曲的树干呢？

可以用吹墨法，先在画面上洒一滴墨，然后用力吹，让它自由地伸展。

或者运用拟人化的语言，指导幼儿掌握用笔方法：毛笔喝喝水、舔舔干、别下雨、站着画条线、躺下画出面。

（4）教师巡回指导，关注幼儿工具材料的运用。

作品展示

图 2-47 和图 2-48 所示为小班幼儿的吹墨画作品。

图 2-47　吹墨画　彭鹏　4 岁　　　　　图 2-48　吹墨画　李浩然　4 岁

活动延伸

教师通过设计水墨与滴洒画的好玩游戏，引导幼儿运用不同的材料作画，体验不同的画面效果。教师可以沿着这个思路，让幼儿欣赏米罗的作品《星星、月亮和小鸟》，设计课程《爱玩游戏的线宝宝》，让幼儿找找作品里有什么样的线，顺着线条摸一摸，看看这样的线如何变成图的。活动重点是让幼儿体验线宝宝交叉、重叠、连接后的变化。

三、走进姬欧芙——我也画一朵抽象花（中班）

设计意图

姬欧芙的抽象花系列作品，注重表现花朵的局部细节，画面构图简洁，色彩单纯明亮，技法也不复杂，很适合幼儿欣赏。幼儿通过欣赏名家花卉作品，可以看到自己从前未注意到的细节。本次活动意图在于启发幼儿的视觉观察力，通过局部放大的花可以为拓展幼儿的观察经验提供新的可能。因此，在中班开展以"花儿朵朵开——我也是抽象大师"为主题的抽象绘画欣赏，容易激发幼儿的想象，让幼儿结合自己的生活经验加深认识，并引导幼儿多角度、近距离观赏。

活动目标

（1）认知目标：让幼儿欣赏大师的花卉作品，理解花的造型。
（2）情感目标：激发幼儿对线条产生不同的联想。
（3）技能目标：能够通过水粉颜料的干湿变化，表现花朵的色彩层次。

活动准备

多媒体课件、水粉颜料、调色盘、水粉笔、画纸。

活动重点

重点引导幼儿近距离观察花朵的形态，让幼儿学会运用色彩自由表现对花的感受。

活动过程

1. 情境导入

（1）游园活动，谈话导入。

师：春天的脚步近了，各种美丽的花儿都开放了。小朋友们，到公园里或者花卉市场去看看，收集各种花卉标本，贴在区域活动墙上。

（2）播放幻灯片，如图2-49和图2-50所示，引导幼儿欣赏。

师：在美国，有一位女画家名叫乔治·姬欧芙，她画了很多花。请小朋友们欣赏，她笔下画的是什么花？有什么特点呢？

（画的是一朵浅浅的鸢尾花，还有一朵深红色的牵牛花）

图 2-49　姬欧芙　淡淡的鸢尾花

图 2-50　姬欧芙　牵牛花

师：她笔下的花与你们在公园里看到的花有什么不同呢？

（公园里有很多种类的花，画家笔下画的只是一朵）

师：我们在花园里面可以看到许多的花，但是什么情况下我们的视野里面只有一朵花呢？

（近距离观察）

（3）让幼儿体会近距离观察和远距离观察花朵的不同样子。

将镜头拉近或将镜头推远，让幼儿观察花朵的变化。

2. 理解体验

（1）游戏活动——让幼儿运用放大镜观察花园里的花朵，或者区域活动墙上的花卉标本，让幼儿说说观察感受。

师：小朋友们都看到了什么？

（我看到花儿像大风车转啊转；我闻到了花香；我看到了花儿的花蕊）

（2）教师引导幼儿近距离观察花，使花看起来非常大，像特写镜头一样，理解花朵的结构。（花瓣紧紧围绕花蕊，层层绽放）

师：小朋友，再观察一下，这两朵花是什么颜色？它们是用什么方法画出来的？

（淡淡的紫色和深紫色，它们是用渐变的方法画出来的，就是颜色由深到浅，慢慢地过渡）

师：画面上运用了什么样的线条表现花朵的轮廓呢？

3. 自由创作

（1）教师发放材料。

（2）请幼儿在纸上画出喜欢的花朵，一朵大大的花儿。

作品展示

图 2-51 和图 2-52 所示为中班幼儿的美术作品。

图 2-51　一朵抽象花　姚昊天　5 岁

图 2-52　一朵抽象花　周雨馨　5 岁

活动延伸

　　本次活动课程主要是让幼儿近距离观察花卉，了解花卉的结构，关注花朵的细节部分，同时理解花朵的渐变、明暗变化等。幼儿运用水粉颜料，体验颜料加白色后会变得越来越淡。为了进一步加深幼儿的认知和体验，引导幼儿欣赏北宋名画《出水芙蓉图》，画面上也呈现一朵荷花，细节部分画得很逼真，引导幼儿欣赏其魅力。

四、与梵高相遇——好多旋涡转呀转（中班）

设计意图

　　梵高的名作《向日葵》是幼儿园孩子喜欢的作品。如何引导幼儿欣赏，帮助他们理解画面的笔触和情绪的关系是教师教学的关键。在对名作赏析中，辅助以绘本《梵高和向日葵》等，让幼儿通过绘本优美易懂的语言和形象鲜明的画面，理解梵高向日葵的寓意和内涵。教师引导幼儿深入赏析，使幼儿明白笔触和技法等方法都是为了表达画家的思想情感。教师将抽象的思想寓于形象的教学中，引导幼儿自己运用水粉颜料自由涂抹。

活动目标

（1）认知目标：让幼儿欣赏梵高的《向日葵》。
（2）情感目标：激发幼儿对旋涡状向日葵的情感体验。
（3）技能目标：认知梵高作品中"旋涡"纹的画法。

活动准备

多媒体课件、梵高的向日葵作品、水粉笔、水粉颜料、卡纸。

活动重点

重点引导幼儿运用旋涡状的笔触表现向日葵的形象。

活动过程

1. 情境导入

（1）播放幻灯片——向日葵图片，如图 2-53 所示，引导幼儿观察向日葵的构造和果实。

师：请小朋友们看看，这是什么花？

幼：向日葵，也叫太阳花。

图 2-53　向日葵

师：向日葵，是一朵面向太阳而开放的花朵。当花瓣落下后，就慢慢成长为我们爱吃的葵花籽，就是瓜子。

（2）引导幼儿欣赏梵高的《向日葵》，如图 2-54 所示。

师：在梵高的画面中，向日葵是什么样子的？

师：与我们见到的向日葵有什么不同？

图 2-54　梵高　向日葵

2. 理解体验

（1）引入绘本《梵高和向日葵》，了解向日葵的笔触和颜色。

师：梵高的向日葵有什么特点？

师：你在画面中看到向日葵，想到了什么？

（2）引导幼儿对作品的局部细节和整体造型进行观察。

师：向日葵有多少朵？什么颜色最多？

师：画面中的向日葵葵形状像什么？

（好多旋涡转呀转）

（3）理解梵高向日葵的用笔方法，尤其是旋涡状的笔触。

引导幼儿欣赏《星空》等作品，寻找类似的笔触与画法，加深印象。

师：什么是旋涡状的呢？

（动作示范）

小结　梵高画了很多向日葵，他用各种花姿来表现自我，有时甚至把自己比拟成向日葵。

3. 自由创作

（1）教师发放材料——水粉笔和纸张，引导幼儿画出自己感受到的花的样子。

（2）教师引导幼儿与同伴交流。

（3）教师巡回指导。

作品展示

图 2-55 和图 2-56 所示为中班幼儿美术作品。

图 2-55　向日葵　廖子墨　5 岁 　　　　　图 2-56　向日葵　饶培珍　5 岁

活动延伸

　　梵高的向日葵运用旋涡状的笔触表现情感。同样的花卉题材，安迪沃霍尔却是另外一种表现。教师引导幼儿欣赏《版画花卉》，让幼儿创作"胶片画"，通过胶片复制进行创作活动。

五、探究毕加索——奇怪的大脸（大班）

设计意图

　　毕加索的立体主义是现代美术史上的一个重要的画派，它是指艺术家从不同角度来描绘对象，然后将其置于同一张画中，以此来表达对象更为完整丰富的形象。立体主义追求破碎、重建、组合形式。其画面创造的是一个二维平面空间，富有想象力，使幼儿更容易接受。《奇怪的大脸》是基于欣赏毕加索立体主义风格的作品而设计的课程，让幼儿能学会打破常规思维，对人物的侧面、正面等不同角度进行观察，以自己喜欢的方式重新组合，画出富有新意的脸部造型。

活动目标

（1）认知目标：让幼儿欣赏毕加索的作品，理解人物侧面脸的特征。

（2）情感目标：激发幼儿对线条组合产生不同的联想。

（3）技能目标：能够大胆运用组合、拼贴等方式表现多视角结合抽象脸。

活动准备

多媒体课件，毕加索的作品，红、黄、蓝水粉颜料，卡纸，废旧纸板。

活动重点

重点引导幼儿尝试拼拼、贴贴、画画的有趣组合。

活动过程

1. 情境导入

（1）欣赏毕加索的立体主义风格人物作品，如图 2-57 所示，通过提问的方式导入课题。

师：小朋友们，你们看看，图片上画的是什么呀？

（好像是人哦，不过有点儿奇怪）

师：看了这幅画，你有什么感觉呢？

图 2-57　毕加索的作品

（2）引导幼儿自己观察毕加索的作品中人物面孔的特点。

师：你为什么觉得这画有些奇怪呢？怪在哪里？

（颜色有点儿奇怪）

师：还有哪些比较奇怪呢？

幼：脸好奇怪，像个大怪兽。

（3）教师引导幼儿观察正面脸和侧面脸的特点。

2. 理解体验

（1）教师帮助幼儿理解人物侧面脸的造型。请两个小朋友表演，一个正面对着大家，一个侧面对着大家，引导幼儿观察他们的脸的特点。

师：这两个小朋友表演的是正面脸和侧面脸，分别有什么特点呢？

（正面脸能看到两只眼睛，侧面脸看到一只眼睛，鼻子轮廓线很明显）

（2）教师讲述毕加索人物画的特点，引导幼儿观察正面脸和侧面脸叠加后的效果。

师：你觉得这两幅画中，哪儿是正面脸，哪儿是侧面脸呢？你们想象一下，不同方位的脸放在一起会是什么样子呢？

（3）用材料拼摆组合，感知正面脸和侧面脸的组合方式。

师：我这里有材料，有五官的造型，请你们选一些来拼拼吧，看看有什么神奇的效果。

教师先选择拼好的作品，引导幼儿感知组合的神奇，如图 2-58 所示。

图 2-58　奇怪的脸

师：正面脸和侧面脸重叠，怎么拼出正面的眼睛和侧面的眼睛呢？

（先摆放两张不同方向的脸，然后添眼睛）

3. 自由创作

（1）教师发放材料。

（2）引导幼儿按照次序拼贴和画画。先将剪好的正面脸和侧面脸贴在黑色的卡纸上，然后在合适的位置上粘贴上五官。

（3）幼儿创作，教师巡回指导。

作品展示

图 2-59 和图 2-60 所示为大班幼儿的美术作品。

图 2-59 奇怪的脸 祁凯杰 6 岁

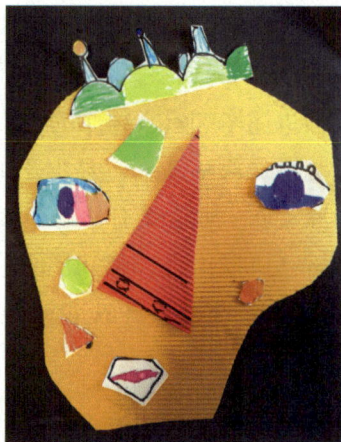

图 2-60 奇怪的脸 夏宇航 6 岁

活动延伸

教师引导幼儿欣赏立体主义风格的《奇怪的大脸》，让幼儿用不同寻常的视角去观察和表现人物脸部，激发幼儿极大的兴趣。在此基础上，教师可以引导幼儿继续深入探索——借助哈哈镜的极度夸张和变形让幼儿体验镜子里的自己，激发幼儿创作的欲望。

六、思索玛格丽特——眼睛里的故事（大班）

设计意图

以艺术家玛格丽特的作品欣赏为切入点，《错误的镜子》画的是一只眼睛，然而瞳孔里的蓝天和白云，却不是真实的世界，而是反映在眼睛里物象的幻影。教师通过欣赏此画，引导幼儿思考"眼睛所见未必为实"，应学会分辨和思考。同时，启发幼儿回忆生活中印象深刻的事情或场景，画出属于自己独特体验的《眼睛的故事》。创作的时候提示幼儿抓住眼睛的特征，并把眼睛画大。教师可以引导幼儿运用各种线条或材料，将事物画得生动、清楚、并学会大胆地表现自己的体验。

活动目标

（1）认知目标：让幼儿欣赏玛格丽特的《错误的镜子》。
（2）情感目标：引导幼儿理解眼睛的功能，激发幼儿对寻常事物的不寻常发现。
（3）技能目标：用眼睛观察周围的生活，能够画出眼中的故事。

活动准备

多媒体课件、玛格丽特的作品、彩笔、油画棒、卡纸。

活动重点

引导幼儿学会分辨眼中场景与真实场景的区别，理解画面中的形象是现实场景的影像。

活动过程

1. 情境导入

（1）播放幻灯片，如图 2-61 和图 2-62 所示，导入课题。

师：今天我们来欣赏比利时画家马格利特的作品。请小朋友们看看，作品里面画的是什么？

（幼儿根据自己的观察回答，幼儿们的答案出人意料）

图 2-61　玛格丽特　这不是一只烟斗

图 2-62　玛格丽特　错误的镜子

（2）引导幼儿深入理解赏析马格利特的《这不是一只烟斗》。

师：小朋友们，请你们看看画面上画的是什么呀？

（烟斗）

师：可是这幅作品名称却标示，这不是一只烟斗，你们想想为什么那么奇怪呢？

（幼儿根据自己的理解思考）

小结　原来画面上画的只是烟斗的图像，就像大家照相的相片一样，并不是大家真实的自己，而是影像。画家想告诉我们，画中的烟斗并不是一只真的烟斗，而是用物质颜料画出的烟斗的形象而已。

（3）赏析马格利特的《错误的镜子》。

师：请幼儿观察，这幅作品都画了些什么？

师：镜子在哪儿？为什么是错误的镜子呢？

小结　画家的作品中将人物的眼睛作为一面镜子，画出眼睛里面的蓝天与白云，并不是真实的世界，而是反映在我们眼睛里面的物象的幻影。

2. 理解体验

（1）引导幼儿照镜子进行观察。

师：小朋友们，你的眼睛是什么样子？

（引导幼儿仔细观察眼睛的特征，并让幼儿用语言描述）

师：请小朋友们照镜子，看看你的眼睛，你的眼睛里面有什么？

师：你在别人的眼睛里看到了什么？

（2）教师鼓励幼儿大胆地进行回忆、想象，并与同伴交流自己的生活经验。

师：眼睛是我们心灵的窗户，也是我们观看世界万物的器官。我们都用一双眼睛，但是看的事情却不一样。

师：小朋友们，你见过什么高兴的事情，或者记忆深刻的事情吗？

师：今天，大家把自己的眼睛当作一面镜子，在里面画出令你难忘的人或物吧。

3. 自由创作

（1）教师发放材料。

师：小朋友们看到的事情真有意思，快画在大眼睛里吧。

（2）教师巡回指导。

（提示：引导幼儿抓住眼睛的特征，并把眼睛画大；引导幼儿用各种线条，组合起来装饰睫毛；鼓励他们把看见的事物画得生动、清楚，表现自己的经验）

（3）幼儿创作。

作品展示

图 2-63 和图 2-64 所示为大班幼儿的美术作品。

图 2-63　眼中的故事　钟子豪　6 岁

图 2-64　眼中的故事　方宇轩　6 岁

活动延伸

　　达利的作品超越现实，具有梦幻的气质，比较适合幼儿的欣赏心理，能够吸引幼儿根据自己的生活经验，发挥想象进行创作。延伸活动可选择达利的超现实作品进行赏析。

第三章 因"材"施教

——幼儿美术活动中材料的创意探索

美术活动中的材料是幼儿学习和创造美术作品的媒介。本章聚焦于探索各种材料工具的使用和画面效果的表现，引导幼儿感悟与体验材料的神奇变化。正如培根曾说过："我使用任何东西去画画：旧扫帚、旧毛衣以及其他各种稀奇古怪的材料和工具。"[①]在幼儿阶段主要让他们掌握视觉艺术中的每种媒介材料的详尽体验，并结合自身体验进行创作。

1. 材料的来源——选择适宜幼儿发展水平和需求的媒材

幼儿美术材料的范围是无限和多样的。尤其是现代社会艺术世界得到极大的扩展，材料的使用范围也在扩大，从自然材料到人工材料再到工业制品等。但是对于幼儿来说，其材料的获取要依靠成人提供，因此，"材料应该以这样一种方式被选择和运用，它们能激发学生在构思水平上完成视觉组织任务，并且使之成为可能"[②]。教师最好选择那些适宜幼儿需要的自然材料或者人工材料，引导他们认识材料的审美特性，或者选择那些幼儿熟悉且易操作的材料，更易使幼儿把自己的经验与材料联系在一起来触发新奇的创意灵感和想象。比如一个香薰盒盖子，一个奶粉勺子，幼儿通过对自己生活经验的联想组装成"电扇"（如图 3-1 所示）。把线轴倒过来，幼儿会想到他平时吃的冰激凌，在上面加上手边现有的相应形状的材料，就成了富有想象力的作品（如图 3-2 所示）。幼儿园还可以根据这个年龄段幼儿爱动手的心理特征，在美术活动中展开丰富多彩的撕、剪、揉、捏、印等特色课程，如纸材料、各种颜料、黏土、生活用品等，拓展美术课的内涵，使幼儿感受创作的乐趣与艺术的熏陶，在美术活动中尽情展现童真、童趣的身影。

图 3-1 电扇 临汾市实验二小幼儿园 5 岁

---

① 皮亚赛娜·山姆.创意绘画的 65 个秘密.上海：上海人民美术出版社，2016.
② 安·S.爱泼斯坦.我是儿童艺术家：学前儿童视觉艺术的发展.北京：教育科学出版社，2016.

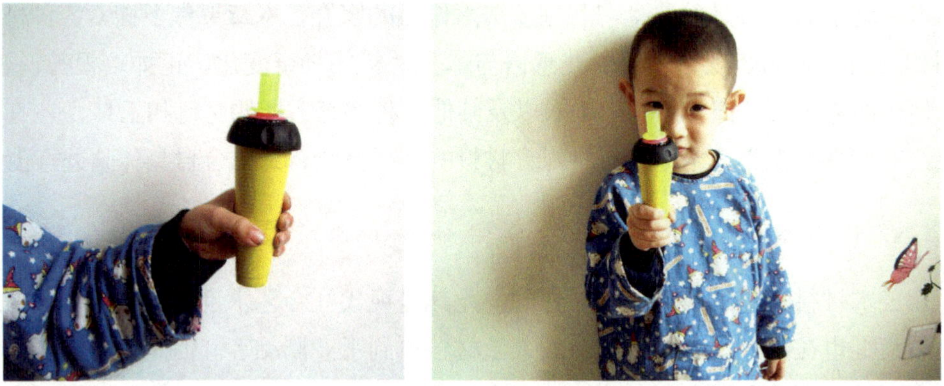

图 3-2　冰激凌　临汾市实验二小幼儿园　3 岁

2. 材料的使用——对一种或一类材料进行深入的探索

在材料的使用上教师要秉承一种原则，即注重材料探索的深度，避免一次性提供过多的材料，以免使幼儿陷在其中无法专注地思索。这种材料的使用方法与高宽教育中的"单项深度法"相类似。[1] 具体在教学过程中设计单元主题方式，持续深入对一种材料进行多角度、全方位的探索。比如对纸材、颜料、笔、泥材及综合材料为五个主题单元，引导幼儿对每一种媒材进行反复体验与练习，去创造无穷的变化，经过不同层次和角度的探究后最终这些材料会成为幼儿的表现工具。在笔的探索中，我们选择一些非常规的材料，如金银笔、涂改液、胶条、即时贴等，成为启发幼儿创造性表达的载体。在颜料的探索中，我们把水彩笔和油画棒两种材料进行组合，创意地使用"油水分离法"引导幼儿探究两种材料的性质及溶合后的神奇变化。其目的是使幼儿得以充分把握材料的性能，促进各方面能力的发展。

第一节　纸的探索与表现

纸材是幼儿美术活动中应用最广的一种材料。如幼儿美术活动中常用到的打印纸、素描纸、水粉纸、报纸、宣纸、卡纸、手揉纸、棉纸、瓦楞纸、铜版纸、吹塑纸、砂纸等。不同年龄段的幼儿对某类纸材的造型表现也分不同的层面。对于小班幼儿来说，教师主要

---

[1] 安·S.爱泼斯坦.我是儿童艺术家：学前儿童视觉艺术的发展.北京：教育科学出版社，2016.单项深度法就是以儿童为中心，而不以艺术为中心，它主张儿童对一种或者一类艺术材料或媒介进行深度的持续性探索，在探索中获得各方面的发展。

训练幼儿手部的精细动作，锻炼幼儿上肢骨骼、肌肉的力量感和精细度，因此选用一些比较柔软的纸张进行撕纸或者揉纸练习，引导幼儿撕出某种形态，培育一种视觉造型的意象感。中班幼儿可以在此基础上，进行棉纸或者单个折纸、拼贴纸、剪纸造型，对纸材的不同形态进行全方位的理解。大班幼儿则可以加大难度，进行纸编或者衍纸造型，通过纸的条状形态，进行编织穿插，感受材料的变化，启迪拓展想象空间，创意自然会生发出来。教师通过对纸材的撕、揉、剪贴、塑、卷、编等引发幼儿的美术创作灵感，也帮助幼儿在对纸的特性、质感、触感、造型等方面确立自己的视觉审美意识，同时也培养幼儿的动手能力和创新意识。

一、撕纸画——春天的大树（小班）

设计意图

撕纸画是选用各色彩纸，通过手撕、拼接、粘贴的方法而完成的画。撕纸画装饰性强，新颖别致，能表现出其他作画方式不可及的独特风格。因撕纸简单、有趣、制作安全，所以很适宜幼儿制作。幼儿通过撕纸、粘贴过程，可以锻炼手指肌肉的灵活性，训练手脑并用的能力。

幼儿初次接触撕纸画，内容不能太复杂，根据时节选用比较简单易学的内容，来让幼儿产生对撕纸画的兴趣。本次活动的主题为"撕纸画——春天的大树"，活动中让幼儿观察春天大树的颜色、造型，让幼儿自己去探究，去发现，充分发挥和调动幼儿的主动性，通过操作获得经验、知识。艺术活动是幼儿表达自己的情感、认知和想象的重要方式，无论幼儿粘贴成什么样，教师都应尊重每个幼儿的想法和创造，肯定和接纳他们独特的审美感受和表现方式。

活动目标

（1）认知目标：学习正确的撕纸及粘贴方法来表现春天的树。
（2）情感目标：激发幼儿对春天的热爱之情，增加幼儿对春天树木的色彩美的感受。
（3）技能目标：训练幼儿手指的灵活性，提高手眼协调活动的能力。

活动准备

（1）各色彩色薄纸、牛皮纸、A4蓝色或黑色卡纸若干、胶棒、小垃圾桶。
（2）一张制作完成的《春天的树》的范画。

活动重点

让幼儿学习撕纸和粘贴的方法，重点掌握撕纸的方法。

活动过程

1. 情境导入

（1）播放如图 3-3 所示的幻灯片，导入活动。

图 3-3　春天的大树摄影作品

（2）教师启发幼儿观察，并提问。

师：小朋友们，春天到了，你们有没有发现大树有什么变化呢？

（长出了新树叶，开花了）

师：树上都有些什么颜色？

（绿色、紫红色、黄色、粉红色）

教师总结：小朋友们都看到了，有的树长出了叶子，有深绿色、浅绿色，还有红色的、黄色的和橙色的新叶子；有的树开花了，有粉红色的、紫色的、水红色的、白色的，真漂亮呀！今天我们一起用撕成的彩色纸块，来把春天的树装点起来，把春天的树打扮得漂漂亮亮的吧。

2. 理解体验

（1）教师启发幼儿：如何用纸撕出美丽的大树形状？

教师出示制作好的范画并讲解，引导幼儿进行观察，请幼儿尝试练习撕纸。教师让幼儿说说自己是怎么撕的，让幼儿讲述自己的操作经验。

（2）教师示范讲解撕纸的方法，演示粘贴方法以及步骤。

师：小朋友们，请仔细看看老师如何来用纸撕出大树的形状，注意老师制作的先后顺序。

① 先用牛皮纸撕树干，将纸揉皱了，粘贴在卡纸上。

② 再用彩色纸撕出自己想要的树叶和花，粘贴在树干上。

③ 要注意疏密搭配。

（3）幼儿体验。

师：请小朋友们来尝试练习撕纸吧。

3. 自由创作

（1）幼儿开始自由操作，教师巡回指导。

（2）幼儿操作前教师提出制作的常规要求。

① 使用过的物品要放回原处。

② 垃圾及时放进垃圾桶，保持桌面洁净。

③ 操作过程中遇到困难要大胆向其他幼儿或老师寻求帮助。

（3）展示作品，互动交流。

教师和幼儿一起参与评价，根据幼儿作品的成果和桌面的整洁度两个方面来进行评价。教师将幼儿的作品放在美术区域中，请幼儿在日常生活中欣赏。

作品展示

图 3-4 所示为小班幼儿的撕纸画作品。

图 3-4 尧都区幼儿园 高宇呈 4 岁

活动延伸

让幼儿想一想，除了制作《春天的树》，还可以创造什么样的撕纸画，幼儿想做什么内容的撕纸画。在活动区张贴不同的作品，供幼儿参考。

二、揉纸画——公园的小花丛（小班）

设计意图

揉纸画一般是采用双手揉搓纸或者其他材质的纸张做出各种造型，然后进行印染或者粘贴等塑造出具有平面或立体的视觉效果的绘画形式。本活动纸印画《公园的小花丛》以不同软硬的纸代替画笔，通过揉纸染色，使得整幅画色彩艳丽，同时作画步骤简单，小班幼儿完全可以独立完成。活动中用到的材料是报纸。报纸是幼儿平时都能接触到的东西，当教师告诉幼儿用纸代替笔画画，这种新颖的作画工具就激起了幼儿的好奇心理。他们等老师讲解演示完后，再看到这么多五颜六色的颜料，都会有一种赶快玩一玩的冲动。揉纸画的材料和作画工具直接刺激了幼儿的操作欲望，达到调动幼儿参与美术活动的积极性的目的，为幼儿更好地学习新知识、掌握新的玩色方法做好了铺垫。

活动目标

（1）认知目标：初步体验用特殊工具创作所带来的乐趣。
（2）情感目标：培养幼儿仔细、耐心的良好作画习惯。
（3）技能目标：学习揉纸法的拓印方法。

活动准备

名画作品 PPT、范画；调好的水粉颜料（绿色、红色、黄色、白色）；软毛粗排笔、调色盘；报纸若干张、黑色卡纸一张。

活动重点

学会揉纸、团纸，掌握印画的方法和力度。

活动过程

1. 情境导入

（1）教师播放幻灯片，引导幼儿欣赏油画作品《花丛》，如图 3-5 所示。

图 3-5 原创油画《花丛》

师：请小朋友们仔细观察一下，画面中画的是什么呀？画面上有哪些颜色呢？

师：你看到这幅画想到了什么？

（2）幼儿之间交流讨论。教师对幼儿的想法给予及时的鼓励和赞赏。

师：如果让你来画，你会怎样画呢？

2. 理解体验

（1）教师引导幼儿：如何运用揉纸来作画？

教师与幼儿一起欣赏揉纸印画，让幼儿观察这些是怎样画的。幼儿一起来讨论，教师示范揉纸、团纸的步骤（如图 3-6 所示），激发幼儿的兴趣。

图 3-6　揉纸印画步骤示范

（2）教师示范印画操作及要注意的事项。

① 用软毛粗排笔蘸绿色水粉颜料，在黑色打底卡纸上画满短粗竖线，尽量画满整张卡纸，草丛完成。

② 用报纸揉出不同大小的 3～8 个纸团，这样蘸颜料比较合适。

③ 用揉好的纸团蘸红色水粉颜料，在刚才的草丛上按压出花朵的样子。

④ 用同样的方法依次用报纸团蘸其他颜料按压出花朵来，注意间隔。

（3）幼儿体验揉纸团的方法，要求每人揉出 5 个纸团。

3. 自由创作

（1）幼儿尝试制作，教师发放材料，让幼儿充分体验用特殊工具创作所带来的乐趣。

（2）教师巡回指导，为幼儿创作提供建议。

师：小朋友们，颜料的使用不能太多，压时不能太用力哦。

（引导幼儿联想生活中见到的花的形状，尽量揉成近似的形状）

（3）教师指导制作顺序，帮助有困难的幼儿。

（4）提醒注意：在用报纸按压花朵的时候，一定要注意间隔，同一个颜色不要在一处按太多。可以让孩子自由选择喜欢的、适合的颜色。

（5）让幼儿互相交流，看看各自拓印的是什么？用到了哪些颜色？效果怎样？最喜欢花的哪个部分呢？引导幼儿进行评价，教师做小结。

作品展示

图 3-7 所示为临汾市某幼儿园小班集体创作的揉纸画作品。

图 3-7 揉纸画 临汾市某幼儿园小班集体创作

活动延伸

在美术活动区展示幼儿作品，并投放软硬材质不同的纸团、颜料和卡纸，让幼儿可以体验不同材质印出来不同效果的花朵。

三、棉纸画——创意装饰画（中班）

设计意图

棉纸是一种特种纸，其特点是具有极高的韧性、透气性，富有弹性，不仅生活中常用，在美术领域应用也极其广泛，如字画、图书、灯笼、灯罩、纸扇、风筝、工艺品包装等多种行业都会用到棉纸。棉纸装饰画就是用这种彩色的、易于渗透水的棉纸来制作的。本活动设计以彩色的棉纸装饰画为例。

由幼儿自由选择喜欢的颜色，再用撕、剪，用刷子刷上水，或用压花器进行造型设计。在纸板上再把裁剪好的五颜六色的纸往上贴，待干后揭掉棉纸，棉纸画就完成了。粘贴过程由幼儿自由发挥，将棉纸互相贴在一起或叠加粘在上面，产生凌乱装饰美。本活动不仅可以帮助幼儿认识新的美术材料，还可以调动幼儿的新奇感和兴趣，让幼儿自由发挥想象，沉浸在色彩搭配的乐趣中。

活动目标

（1）认知目标：通过学习认识棉纸，了解棉纸的功能、作用和特性。
（2）情感目标：体会色彩搭配的美感及装饰画色彩搭配的韵律美。
（3）技能目标：认识抽象装饰画，学会制作棉纸装饰画。

活动准备

彩色棉纸、贴好白纸板的画框、水桶、海绵笔、剪刀、压花器、抽象装饰画PPT图片。

活动重点

（1）认识棉纸材料，了解棉纸的特性。
（2）学会制作棉纸装饰画，体会色彩搭配的韵律美。

活动过程

1. 情境导入

（1）播放幻灯片，引导幼儿欣赏大师的抽象装饰画PPT，如图3-8和图3-9所示，让幼儿感受色彩与韵律美。

师：小朋友们，看，这些画是不是很眼熟呢？在酒店、饭店、商店的墙上都有挂的，有的小朋友家里也有这样的画，这个叫作抽象装饰画。它是利用颜色的搭配来创造美感，用来装饰空间的。漂亮吗？（引起幼儿的熟悉感和兴趣）

图3-8　室内装饰画效果

（2）引入棉纸，导入课题。

师：我们今天不用画笔和颜料作画，而是借助一种材料来制作装饰画。看，就是老师手里的这些五颜六色的纸，这种纸叫作棉纸。今天老师就来教大家用棉纸作装饰画。

图 3-9　重色彩抽象装饰画

2. 理解体验

（1）教师询问幼儿喜欢什么颜色的棉纸。

师：请小朋友们选择喜欢的颜色的棉纸，再通过撕、剪或借助压花器等进行造型设计。造型可以设计为长条的，小块的，不规则形状的，或整齐排列形状的。

（2）教师示范操作步骤（如图 3-10 所示），并讲解活动中需要注意的事项。

第一，教师在纸板上用刷子刷上水；

第二，把裁剪好的五颜六色的纸往上贴（自由搭配出喜欢的色彩效果，可以平铺或重叠，可以整齐或凌乱）；

第三，待干后揭掉棉纸就完成了。

图 3-10　棉纸装饰画制作步骤示范

教师引导幼儿自己体验一下，在制作过程中，最好提前给幼儿一个可参考的色彩模板。

3. 自由创作

（1）发放材料，幼儿开始操作，教师巡回指导。

（2）引导幼儿与同伴交流。

教师引导幼儿欣赏、互评，选出大家最喜欢的作品，说说好在哪里。

作品展示

图 3-11 和图 3-12 所示为临汾市某幼儿园中班集体创作的棉纸画作品。

图 3-11　临汾市某幼儿园中班集体创作的
　　　　　棉纸画（一）

图 3-12　临汾市某幼儿园中班集体创作的
　　　　　棉纸画（二）

活动延伸

在手工活动区放置棉纸，张贴棉纸作品图片，便于幼儿探索棉纸的特性及其更多用途。

四、纸编画——美丽的花篮（大班）

设计意图

纸编是一项非常锻炼幼儿专注力和手、眼、脑协调能力的美术活动，在简便的剪、折、粘、贴过程中有效地激励幼儿动手操作，有利于训练他们的观察力、想象力，使幼儿的手越来越灵巧，头脑越来越聪明，让幼儿"心随手动，学有所乐"。

活动目标

（1）认知目标：通过观察编织物的特点，激发幼儿的参与兴趣，培养幼儿的观察、分析、归纳能力。

（2）情感目标：激励幼儿大胆配色，选择两种色彩进行搭配。

（3）技能目标：能根据教师示范，学会看图纸独立进行直线编织。

活动准备

不同材料编织物、纸编作品、各色卡纸条若干、8开黑卡纸、剪刀、胶棒、纸编图纸。

活动重点

掌握纸编织这一传统技法工艺，学习穿插编织的方法。

活动过程

1. 情境导入

（1）教师播放幻灯片，如图3-13所示，引导幼儿观察编织物。

图3-13 纸编作品

师：小朋友们，看看以上的纸编画，编的都是什么呢？

（2）引导幼儿理解什么是直线编织，发现其特点，让幼儿分析归纳编织方法。

师：编织就是运用纸条进行直线编织。

2. 理解体验

（1）教师介绍纸编织这一传统技艺，让幼儿欣赏一些纸编织艺术品。

（2）教师示范纸编花篮的步骤，提醒幼儿编织的注意事项，并讲解如何根据图纸进行编织，如图 3-14 所示。

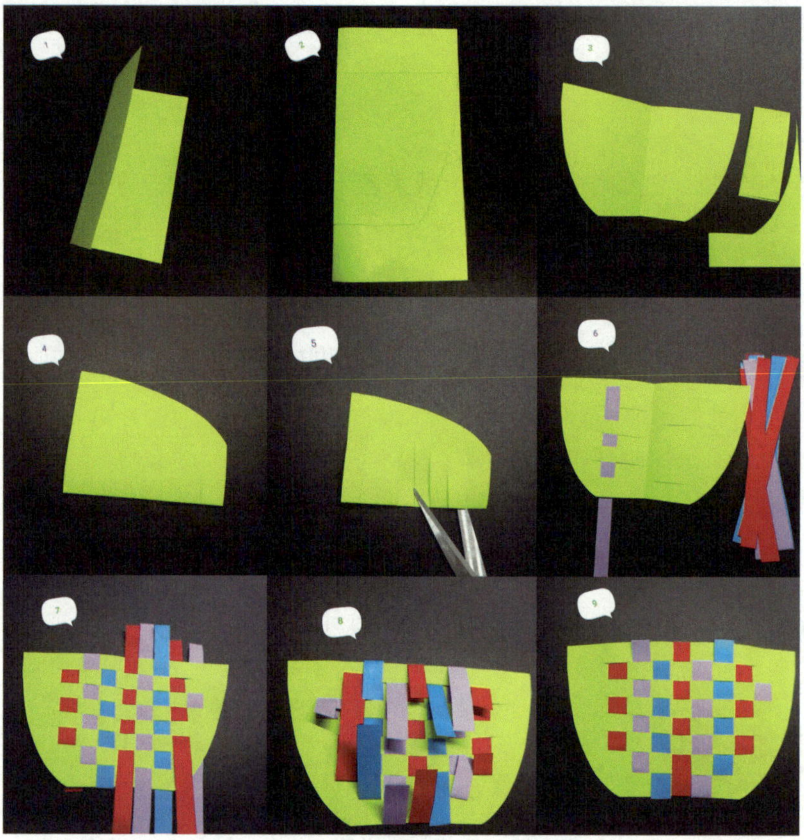

图 3-14　纸编直线编示范步骤

3. 自由创作

（1）幼儿选择材料进行制作。教师鼓励幼儿大胆配色，耐心编织，在编织的过程中注意检查，及时发现错误并纠正。

（2）引导幼儿将编好的花篮贴于黑卡纸上，鼓励幼儿用彩色卡纸剪出花朵，粘贴在花篮里。

（3）展示幼儿的作品，引导幼儿进行自评、互评，相互欣赏、学习。

作品展示

图 3-15 和图 3-16 所示为大班幼儿的纸编画作品。

图 3-15　美丽的纸编画　陈思菡　6 岁　　图 3-16　美丽的纸编画　周雨晨　6 岁

活动延伸

　　在手工区投放纸编材料及直线编和曲线编说明书，为幼儿提供更多的活动机会，并鼓励幼儿尝试通过看说明书自学其他造型直线编。兴趣较浓的孩子，可将图纸带回家和家长一起探讨曲线编的操作方法，并将编好的作品带到学校，贴于展览区。

五、衍纸画——花儿朵朵开（大班）

设计意图

　　衍纸画是指通过卷、弯、捏、压而形成原始设计形象的一门折纸艺术。本活动设计通过大胆的想象，利用各种卷法表现出千姿百态，富有立体感的动、植物形象。实践活动中可以积极地引导幼儿学会对五彩斑斓的纸艺作品进行赏评和比较，引导幼儿在活动中学习及提高识图等基本能力，让幼儿学会发现美、维护美和创造美，培养其审美能力和审美创造力。

活动目标

（1）认知目标：尝试运用卷、捏、折、弯曲等不同方法，用纸条卷出不同造型的图案。

（2）情感目标：在掌握多种卷纸技能的基础上大胆想象并造型，通过组合拼贴的方式，表现出美丽的花。

（3）技能目标：掌握衍纸花朵的操作方法和步骤。

活动准备

物质准备：多媒体课件、范例、彩色衍纸、卷笔、白胶、双面胶、废旧 CD 盒等。

知识准备：幼儿有手工制作的经验。

活动重点

掌握花朵的衍纸方法。

活动过程

1. 情境导入

（1）教师播放高清的衍纸画 PPT，引导幼儿观察。

师：今天老师要带小朋友看一个很特别的画展，请大家仔细观察，这些画和我们平时画的有什么不一样？这些画是用什么材料、用什么方法制作的？

（它是用专门的长长的纸条、用特殊工具卷出来的）

（2）教师引入衍纸画，介绍其形式。

师：这些画有个好听的名字，叫作"衍纸画"，是把彩色的纸条通过卷、捏、弯曲、组合拼贴的方法变出神奇的艺术品。

（3）教师向幼儿展示独特的衍纸工具。

2. 理解体验

（1）教师示范并讲解如何利用衍纸工具进行操作。

教师出示卷纸棒，将纸条一端卡在开口的卷嘴处，用一只手的手指轻轻捏住。另一只手捏住卷纸棒的末端往一个方向转动，卷完后用手工胶粘住。如果要让卷大一些，卷完后可以先松手，变大后再粘住。

（教师示范一个，幼儿操作一个）

（2）教师示范并引导幼儿设计百变卷型。

师：这个圆形的纸卷用捏、弯等不同方法可以变出不同造型，请你们去试一试。

教师请幼儿介绍，并做补充："我这里还有这些图形，请你们来看一看，你觉得哪个图形有点难？"

心形卷：先对折，然后两头往中心卷就可以了。

螺旋形卷：卷的时候只要卷一半就可以了。

正反螺旋形卷：先卷起一头，把纸翻过去，再从另外一头开始卷。

（3）教师引导幼儿对卷纸图形进行组合。

师：我们已经变出了这么多图形了，那我们可以把这些图形组合在一起，变成一朵朵美丽的花。

教师出示范例。

师：这些花是由哪些部分组成的？

（花瓣和花心）

师：花瓣和花心都是卷好了竖着贴在纸板上的。

3. 自由创作

（1）教师发放材料并介绍活动要求，幼儿进行拼贴。

用CD盒子做底板，把CD盒开口朝下，完成之后可以变成相框竖着摆放；衍纸画制作时花茎、花叶都要竖着贴。比较细的地方可以用白胶粘贴。

（2）幼儿制作，教师指导。

教师鼓励能力强的幼儿运用多种卷纸技能进行造型设计，帮助能力弱的小朋友卷出简单的造型。

教师让幼儿互相欣赏作品，请幼儿说一说，最喜欢哪一朵花？为什么？

作品展示

图3-17所示为大班幼儿的花儿朵朵开美术作品。

图 3-17　花儿朵朵开　刘臻怿　6 岁

活动延伸

在手工区投放衍纸材料，为兴趣浓、意犹未尽的幼儿提供活动机会，并将好的幼儿作品贴于展览区。

第二节　颜料的探索与表现

爱玩、爱游戏是幼儿的天性，玩颜料可以玩出很多花样，用不同的工具，在不同的材质上玩儿，既能刺激感官的发展，又能满足幼儿表达艺术感情的需要。幼儿在玩颜料时会因经验不足，当兴致来临时把颜料涂抹得超出纸张范围，甚至涂抹到桌子、衣服上，有时会不自觉地想在墙上试一试。教师和家长作为颜料的提供者、引导者和玩伴，不要刻意去限制，由着幼儿自由探索，逐渐熟悉颜料。教师可适当引导幼儿使其兴趣点从颜料本身慢慢转移到颜料留下的痕迹上，去探索用不同工具和材料玩颜料（如海绵、毛线、珠子、纸巾筒、树叶等）在不同材质上涂鸦。本节采用游戏的形式和手段引导幼儿，对颜料进行探索和发现，使幼儿由一个被动接受的听众，改为参与者与主动学习者，是支配自己行为的主体者。

一、油水分离——油画棒变魔术（小班）

设计意图

　　油水分离是一种水性材料和油性材料相结合的绘画模式，它是用油画棒或蜡笔画出物象，再用毛笔调水彩颜料填色或罩染，利用油与水不相溶的原理，使油画棒所画之处不着水彩颜色，从而形成独特的艺术效果。

　　小班幼儿大部分还处于绘画象征期，因此要让幼儿画出规则图的线条和图案，只会增加幼儿的绘画难度和心理负担。针对这一时期幼儿的年龄特征，我们用油水分离的美术技法让幼儿用玩游戏、变魔术的方式，调动幼儿的兴趣使其全身心地投入活动中。虽然幼儿对常用的油画棒和水粉笔很熟悉，但对于将两者结合起来使用有一定新鲜感。在整个涂画过程中，幼儿用油画棒和水粉笔的涂画方式也很自由，不要求幼儿规范地去点画线条式图案，他们可以随心所欲地用自己喜爱的方式涂画。在活动过程中，尽量给幼儿更大的自由度，为他们发挥创造力和想象力创设良好的环境，使幼儿初步接触油水分离的画法就被激发出好奇心和探索欲望，为他们以后更好地发展提供基础和条件。

活动目标

　　（1）认知目标：初步探索油水分离作品的特点，感受色彩变化的美。

　　（2）情感目标：激发幼儿的创作兴趣和探索欲望。

　　（3）技能目标：学习油水分离的绘画方法，能巧妙地利用油画棒等绘画工具进行创作。

活动准备

　　水粉颜料、水粉笔、方块海绵、白色水粉纸、白色油画棒、罩衫（每人一份）。

活动重点

　　（1）初步学会油水分离的画法。

　　（2）感受油水分离技法带来的乐趣。

　　（3）学会利用所学技法合理安排创作画面。

活动过程

1. 游戏导入

（1）教师以魔术表演的方式来调动幼儿的好奇心，激发幼儿的学习兴趣。

师：小朋友们，今天老师给你们变一个魔术，想不想看啊？

师：看，老师手里拿的是什么？（白纸）

师：小朋友仔细看清楚了，魔术师要开始变魔术咯！注意啦！

（2）幼儿观看，教师操作。

教师用湿海绵左右蘸上两种颜料，在白纸上大面积来回涂抹，出现了一幅漂亮的画。

师：怎么变出来的？

幼儿讨论，猜测。

2. 理解体验

（1）初次探索，小朋友们知道这个魔术是怎么变出来的吗？

师：（教师出示一支白色的油画棒和水粉颜料）这支白色的油画棒是我们今天变魔术的关键。

师：你们想画什么呢？

教师根据幼儿的要求现场画几个图形，请几个幼儿上来刷颜料，其他幼儿喊：变，变，变……

（2）再次尝试。

师：现在，小朋友们都来当魔术师，好不好？

（3）幼儿体验。

教师为每组准备好东西，由幼儿探索油画棒和水粉颜料结合的方法。

小结　白色的油画棒画在白色的纸上就隐身了，我们看上去还是一张白纸，其实魔力已经产生了。只要刷上水粉颜料，白色油画棒就会现身，好看的图画就显出来了。

3. 自由创作

（1）教师发放材料，幼儿创作。

（2）教师巡回指导，并注意引导幼儿丰富画面。

（3）幼儿之间互相欣赏作品，分享评价。教师将幼儿的作品展示在活动区。

作品展示

图 3-18 所示为尧都区实验二小幼儿园小班幼儿的快乐小鱼美术作品。

图 3-18　快乐小鱼　尧都区实验二小幼儿园　李于越　4 岁

活动延伸

　　引导幼儿了解除了白色颜料，其他颜色的油画棒也会产生油水分离效果，建议幼儿回到家中将这种画法展示给家长看。

二、彩墨画——小胖熊（小班）

设计意图

　　幼儿彩墨画是一种直觉的、感性的美术学习活动，是在传统中国彩墨画的基础上进行了技法和材料的创新，色彩更加明快、鲜亮，使彩墨更具有幼儿绘画天真童趣的一面。小班幼儿手部肌肉不发达，不易达到彩墨画握笔标准，可用彩色油性记号笔来勾线，使画面更有特色。幼儿把握不好水分，纸张应选择湿水后不易破损的材料，如过滤纸、夹宣或绢等，既适合幼儿把握和学习，又能充分满足幼儿发现、研究、探索的强烈的心理需求。

　　本次活动以把绘画步骤编成儿歌的艺术表现形式，让幼儿脱离范画，根据儿歌，展开想象创作，并针对幼儿爱玩、爱游戏的天性和好奇心理，利用吸水纸和颜料作画。通过水冲墨的方法产生肌理，达到画面的神奇效果，有助于激发幼儿的游戏愿望，让幼儿由被动接受变为主动探索。

活动目标

（1）认知目标：幼儿尝试根据儿歌提示，通过写生方法画出小胖熊的样子。

（2）情感目标：激发幼儿对彩墨画的喜爱之情。

（3）技能目标：通过水冲墨的肌理效果，使幼儿对彩墨玩色游戏产生浓厚的兴趣，学会绘画技能。

活动准备

记号笔、毛笔、白绢圆扇、毛毡、毛绒玩具熊一只。

活动重点

（1）学会调彩墨，初步掌握用毛笔绘画。

（2）尝试水冲墨肌理法。

活动过程

1. 情境导入

（1）导入语：瞧！它是谁？（教师出示玩具熊，边念儿歌边指点胖胖熊的眼、耳、鼻的位置）

　　师：一个大圆饼（头），来了一个人（嘴），咬了一大口（鼻），裂出两个小圆洞（眼），露出两只小脑袋（耳朵），原来是只小胖熊。转了一大圈（身），拍了四个球（四肢），小熊小熊累呼呼。

（2）请幼儿试着根据儿歌把胖胖熊画出来。

2. 理解体验

（1）初次体验：幼儿第一次尝试根据儿歌作画。

教师讲评幼儿的作品。

（2）再次体验：教师进行第一次活动总结，并边说儿歌边示范绘画。

（3）教师进行技法示范。

　　师：小朋友们画得可真好！可就是缺了点儿什么。缺了点儿什么呢？（颜色）对！那我们赶快给小胖熊上色吧！

教师用一只毛笔给小胖熊点上颜色，用另一只干净的毛笔吸满清水放在扇面上冲洗颜色，不一会儿颜色向外扩张，变得毛茸茸的。

师：小胖熊变得怎么样啦？（幼儿回答：毛茸茸）你们要不要试一试？

3. 自由创作

（1）幼儿尝试技法，教师给予指导。

（2）鼓励幼儿给小胖熊穿上花衣服，创作不一样的彩色小熊。

（3）引导幼儿用彩墨在周围点上背景。

作品展示

图3-19所示为某幼儿园小班的作品。

图3-19 小胖熊 实验二小幼儿园 李于越 4岁

活动延伸

在活动区张贴彩墨画作品，引导幼儿除了在扇子上画，还可以在宣纸、过滤纸、丝巾等不同材质上绘画。

三、沥粉画——好玩的色块（中班）

设计意图

沥粉画通常把色粉和胶质的液体挤在画面上形成独特的效果，它以独特的工艺和浓重的装饰趣味给人以视觉享受。本活动设计不仅在于让幼儿在参观和欣赏作品中，感受沥粉画富丽典雅的风格和与众不同的工艺，而且在于激发幼儿了解和探究我国更广阔的艺术领域的热情和学习美术的激情。沥粉画美术活动的开展可以让传统美术流淌在幼儿的指尖，让幼儿大胆地进行想象、创造，自由地表达自己的认识，抒发内心的情感，体验美术的神奇魅力和自由创作的快乐。幼儿美术活动中运用不同的表现工艺可以激发孩子学习美术的兴趣，沥粉画的特殊操作正好可以满足幼儿的这一兴趣。

活动目标

（1）认知目标：初步了解中国传统工艺沥粉画及制作技法。
（2）情感目标：激发幼儿对传统文化的热爱和学习美术的兴趣。
（3）技能目标：掌握沥粉画创作的步骤与方法。

活动准备

范画、课件、彩色卡纸、装有调好沥粉的尖嘴瓶、水粉颜料（或油画棒）、毛笔、小围裙、套袖等。

活动重点

通过学习，初步了解沥粉画及其制作，掌握并会运用沥粉技法制作沥粉画。

活动过程

1. 情境导入

（1）教师引导幼儿欣赏沥粉画，如图3-20所示。

图3-20　沥粉画欣赏

师：老师这儿有一幅画，小朋友们看一看，摸一摸，这幅画和你们平常见到的画有什么不一样？

幼儿观察比较。教师和幼儿一起总结沥粉工艺的特点，引出沥粉画。

（2）了解什么是"沥粉"。教师播放中国古建筑PPT，介绍绘制沥粉画需要的工具材料。

师：中国的沥粉工艺源远流长，它是传统制作工艺之一。

师：沥是指液体的点滴，粉是指用粉调制成液体，将其一滴一滴地滴落在画面上，有时用特制的工具把沥的点滴加长，形成人为的线，这种方法就是"沥粉"。我们摸到画面上凸起来的就是沥粉工艺。

2. 理解体验

（1）教师将沥粉和胶水混合后，装入尖嘴瓶，在纸上挤出各种线条进行造型。

（2）教师示范操作，幼儿观摩学习。

① 用装有沥粉的尖嘴塑料瓶子在卡纸上挤画出各种线条。

② 边挤边移动，在画面上画出自己喜欢的图形。

③ 出示范画：等沥粉干透，开始用水粉把中间涂上喜欢的颜色。

④ 再次整理沥粉线条和填充颜色。

3. 自由创作

（1）幼儿尝试沥粉制作，教师巡回指导，并辅助操作能力和绘画能力较差的幼儿。

（2）幼儿之间互相欣赏作品。请做得好的幼儿说说自己的制作经验。

师：怎样才能挤出流畅而又有立体感的线呢？（指导幼儿用力均匀，移动速度均匀）

作品展示

沥粉画作品展示如图 3-21 所示。

图 3-21　沥粉画作品

活动延伸

将沥粉材料投放在美术区，感兴趣的幼儿可以继续制作。

四、滚痕画——用珠子来画画（大班）

设计意图

玩滚珠本就是幼儿的爱好，本次活动设计在让幼儿认识了颜色的基础上，又一次安排了玩颜色的游戏，将画笔换成了滚珠，这种新奇有趣的游戏很快吸引了幼儿的眼球。用染色的珠子或者其他圆形的物体来回滚动而随机产生的印痕就是滚痕画。本次活动不仅让幼儿知道了可以用珠子或者其他材料代替画笔作画，而且在多姿多彩的颜料中，让幼儿可以去感受颜色带来的惊喜和创意，尽情地去发现玩色带来的新奇体验。

活动目标

（1）认知目标：能操作滚痕画材料，体验用珠子作画的乐趣。
（2）情感目标：感受色彩变化带来的美感，发展审美能力。
（3）技能目标：发展幼儿手眼脑的协调能力。

活动准备

学会用滚珠作画，发展手眼脑的协调能力。

活动重点

大纸盒，与纸盒底部大小相同的白纸，红、黄、蓝、绿颜料，小勺四把，玻璃珠，记号笔，透明胶布。

活动过程

1. 情境导入

（1）教师出示做好的滚痕手帕范例，请幼儿看看上面都有什么颜色。
（2）播放幻灯片，如图 3-22 所示，激发幼儿的学习兴趣。

师：你们知道这是用什么画出来的吗？想玩吗？

图 3-22　滚痕画

2. 理解体验

（1）教师拿出准备好的材料，让幼儿自己体验、玩耍。

（2）教师示范讲解滚痕画的操作步骤。

师：① 取一张白纸放入纸盒底部，用胶布稍微固定一下。

　　② 用小勺舀起红色颜料放入纸盒内，不要放在画纸上，再将小勺放回原处。

　　③ 将玻璃弹珠放在盒子里，轻轻晃动纸盒，使小珠滚动，可以是直线、曲线、螺旋线等，观察纸上留下的彩色图案。

（3）依照同样的方法，尝试更换不同的颜色作画。

师：请小朋友们拿出画纸，用记号笔在纸张四边加上花纹，这样漂亮的花手帕就完成了！

3. 自由创作

幼儿操作，教师巡回指导。

（1）提醒幼儿不同颜色的小勺和颜料要对应归位。

（2）作品晾干后可在美术区展示。

（3）播放音乐，引导幼儿互相欣赏并评价作品。

展示幼儿的作品，引导幼儿感受不同色彩搭配、不同颜色的深浅变化给人带来的视觉美。表扬积极作画的幼儿，鼓励幼儿尝试在不同造型的纸张上作滚痕画。

作品展示

图 3-23 所示为临汾市幼儿园大班集体滚痕画美术作品。

图 3-23　临汾市幼儿园大班集体滚痕画美术作品

活动延伸

幼儿对玻璃珠这种圆圆的东西特别感兴趣，他们不只是通过用手抓、用汤匙舀来发展精细动作，还会放到纸盒里不断地摇晃。教师可以添加不同大小的圆球体，将这些材料放到美工区，让幼儿感受滚珠画的奇妙乐趣和色彩的变化。

第三节　泥材的探索与表现

"幼儿的智慧集在手指上。"幼儿智力的发展，能力的提高，往往是通过动手操作来实现的。在幼儿美术教学中，泥工教学作为其中一个重要组成部分，深受幼儿喜爱。泥工教学不仅能使幼儿掌握一些简单的塑造物体形象的方法和技能，而且还可以培养他们创新与造型的能力。

首先，在"玩"中激发幼儿表现的兴趣。幼儿在自由地玩泥巴，随意地运用捏塑、拍打、揉、搓等动作进行创作过程中，看着一团团的黏土经过自己的揉捏之后变成了形态各异的小人、小动物、小餐具等，就会感到十分满足与快乐，于是便会无拘无束、自由地尝试。其次，在"表现"中提高造型能力。幼儿初步掌握捏、团、搓、压等技能，学会了搓面条、团汤圆、包饺子、做胡萝卜、做棒棒糖等，但造型简单，表现作品的手法较单一（如图 3-24 所示）。所以在教学内容与技巧上学习用多种形状的方法进行塑造，如椭圆形、水滴形、心形等；或者提供多种材料来丰富作品，比如在做房子的时候，可以让幼儿直接将黏土抹在盒子上面，铁丝做花环，辅助纽扣、小棒、羽毛、吸管等进行装饰，大大满足幼儿创作的欲望。

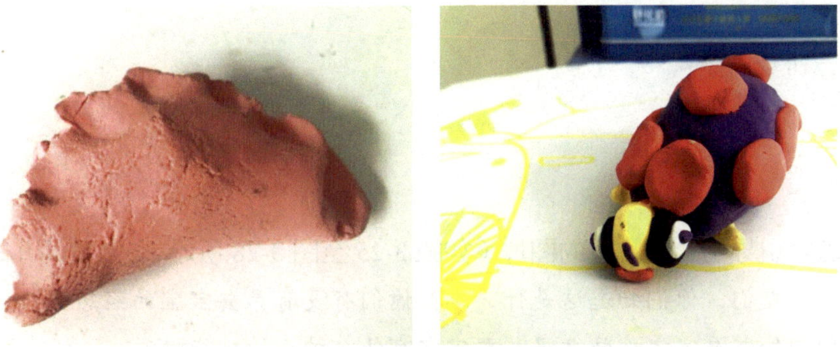

图 3-24　襄汾县第二幼儿园　陈嘉铭　5 岁

一、捏泥团——蚕宝宝（小班）

设计意图

本次互动"捏泥团——蚕宝宝"有针对性训练小班幼儿的手指灵活度，促进手部精细动作的发展，同时由于泥巴的可塑性较强，使小班幼儿通过简单的操作，大胆地表现蚕宝宝的造型和各种形态，使幼儿在玩泥巴的过程中激发想象与创造思维能力。

活动目标

（1）认知目标：学习运用捏、团、搓等技能用橡皮泥做春蚕。

（2）情感目标：发展幼儿在捏泥团过程中的想象力与创造思维能力。

（3）技能目标：了解蚕的外形特点，感受泥工活动的乐趣。

活动重点

能运用搓、团、捏等技能表现春蚕的特征；能团得比较均匀，正确使用辅助材料。

活动准备

白色、绿色橡皮泥，黑头火柴、牙签若干，背景音乐。

活动过程

1. 情境导入

（1）教师引导幼儿欣赏蚕的图片（如图 3-25 至图 3-28 所示），激发幼儿的兴趣。

师：小朋友们，你们知道这是什么吗？你们有没有养蚕宝宝的经历呢？

师：你们知道蚕宝宝吃什么吗？蚕宝宝有什么神奇的功能呢？

图 3-25　蚕

图 3-26　蚕皮

图 3-27　蚕吃桑叶

图 3-28　蚕吐丝

（2）引导幼儿观察：蚕长什么样子？它有什么颜色？它吃什么叶子？

师：蚕最喜欢吃桑叶，它最神奇的功能是会吐丝。

师：请小朋友们与同伴互动交流感受。

2. 理解体验

（1）教师展示活动工具：橡皮泥、牙签、黑色记号笔。

师：老师给你们带来了好玩的橡皮泥，一起来制作一只蚕宝宝吧。

（2）幼儿观摩，教师操作。教师从边讲边示范的方式进行教学。

师：蚕宝宝的身体长长的，白白胖胖的，一节一节在爬动，我们用黑色记号笔笔为蚕宝宝画上眼睛和身上的花纹，让它变成可爱的蚕宝宝吧。蚕宝宝好饿，快快给它喂桑叶。

（3）引导幼儿反复操作和创新制作。

师：这只蚕宝宝很想找朋友，我们来帮帮它做一些小伙伴好吗？

3. 自由创作

（1）教师播放背景音乐，引导个别没有想法的幼儿。

（2）鼓励能力强的幼儿做出不同阶段不同形态的蚕宝宝和蚕宝宝的大家庭。

（3）将幼儿作品布置在展览区——建立"蚕宝宝温馨小家"，播放背景音乐，幼儿互相欣赏作品。

作品展示

幼儿橡皮泥《春蚕》美术作品如图 3-29 和图 3-30 所示。

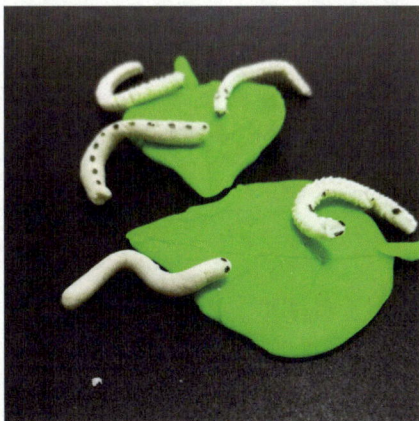

图 3-29　橡皮泥《春蚕》李于越　4 岁

图 3-30　橡皮泥《春蚕》EE　3 岁

活动延伸

引导幼儿想想：用捏、团、搓等技能还能做什么？在活动区张贴毛毛虫、蜜蜂、蚂蚁、瓢虫等图纸，供幼儿参考，拓展幼儿的创新思路，引发创作灵感。教师发放橡皮泥或黏土等材料，便于幼儿创作。

二、玩黏土——节日的月饼（中班）

设计意图

　　月饼是很多人都非常喜欢吃的一种食物，更为幼儿所熟悉和喜爱，但是如果将月饼做成装饰会不会也很诱人呢？本活动设计在于更好地调动幼儿设计制作的积极性和主动性。黏土色彩丰富艳丽，无毒无害，便于操作，对于幼儿来说是一种非常好玩的手工 DIY 材料。

活动目标

　　（1）认知目标：通过学习，了解什么是黏土，以及黏土的特点、制作方法和工具的使用。

　　（2）情感目标：体验黏土创作过程中的乐趣。

　　（3）技能目标：掌握运用黏土捏塑月饼的活动。

活动准备

　　（1）掌握橡皮泥团圆、搓条、按压的技巧；了解月饼的特征。

　　（2）各种制作工具如塑料刀叉、牙签、纸盘子、棕色色粉、笔刷等。

活动重点

　　掌握用相应颜色的黏土团捏月饼的技巧，学会用工具塑型、添加纹理。

活动过程

1. 情境导入

　　（1）教师引导幼儿观看关于中秋节介绍的 PPT。

　　师：小朋友们，动画里说的是什么节日呢？（中秋节）

　　（2）激发幼儿思考，引入中秋节的象征意义。

　　师：小朋友们，你们知道中秋节代表了什么吗？（团圆）

　　（3）引入课题——月饼。

　　师：我们在中秋节的时候喜欢吃什么？（月饼）

2. 理解体验

（1）出示材料，告诉幼儿今天做月饼的材料是黏土，激发幼儿动手操作的兴趣。

师：今天我们一起来做月饼吧。

（2）介绍黏土的特性，告诉幼儿用它做出来的东西很漂亮但是不能吃。

（3）教师示范操作，如图 3-31 所示。

①在制作月饼时，将黏土搓成一个浅棕色的圆球。

②将圆球一分为二，搓成圆形然后压扁，用切刀在外围划线。

③用切刀在月饼表面划出喜欢的纹路。

④用棕色色粉在月饼表面上色，不用太均匀。

⑤将制作好的黏土月饼晾干，在月饼表面涂透明指甲油或光油，然后用切刀切开一块。

⑥搓两长条棕色薄片，分别粘在切开的两半月饼表面。

图 3-31　月饼制作步骤

3. 自由创作

（1）教师提供材料，幼儿开始制作，教师巡回指导。

（2）鼓励幼儿制作各种形态的月饼，如咬过一口的月饼，3/4 个月饼，以及蛋黄月饼、果酱月饼等。

（3）幼儿互相欣赏作品。教师对幼儿的作品进行全面、积极的评价，鼓励幼儿创新。

作品展示

图 3-32 和图 3-33 所示为中班幼儿的月饼美术作品。

图 3-32　月饼　贺元社　5 岁 　　　　　　图 3-33　月饼　李玉德　5 岁

活动延伸

在美术活动区展示幼儿的作品，并投放材料便于幼儿尝试其他食物的制作。

三、红泥塑——奔跑的小鹿（大班）

设计意图

　　泥塑是大家都比较熟悉的一种艺术形式，是中国一种古老常见的民间艺术，以泥为原料，以手捏制成型。本活动以实物展示吸引了幼儿的目光，增加了幼儿动手的热情，丰富幼儿对泥材形式的民间美术作品的认知，有助于发展幼儿的模仿能力和动手能力，也可以了解中国传统民间美术形式，增强对更多美术材料的认知。本次活动"奔跑的小鹿"主要针对红泥加水调和具有很强的黏性这一特征，帮助幼儿掌握其调和、捏塑的方法，让幼儿体验运用镶嵌连接法创作小鹿的过程。

活动目标

（1）认知目标：尝试用牙签连接身体部件的方法塑造立体小鹿。
（2）情感目标：通过观看泥塑过程图片、讨论、尝试创作等方法学习镶嵌连接的方法。

（3）技能目标：体会红泥收集、调和、捏塑的制作过程。

活动准备

（1）经验准备：

①已经掌握分泥、搓条、压扁等基本泥工技能，有进行平面泥贴画的经验；

②认识并了解小鹿的外部特征。

（2）材料准备：

①红泥若干；

②教师自制红泥小鹿若干，小鹿制作步骤图；

③民间艺人泥塑的视频、泥塑动画片片段视频。

活动重点

掌握泥塑的方法，自己独立制作泥塑动物。

活动过程

1. 情境导入

（1）教师播放幻片，引导幼儿欣赏泥塑动画片《神笔马良》。

（2）让幼儿欣赏、感受泥塑的魅力，同时增加熟悉感和亲和力。

（3）出示泥塑小鹿，让幼儿猜猜是什么。

师：今天老师给小朋友们带来了一位好朋友。

师：你们知道它是怎么做的吗？

2. 理解体验

（1）引导幼儿欣赏泥塑作品（如图 3-34 所示），讨论制作方法。

师：这是苍山小郭的泥塑作品，漂亮吗？你们知不知道老师是怎么做出来的呢？

图 3-34　苍山小郭的泥塑作品　山东临沂市

师：小朋友们，今天我们来学习运用天然材质——红泥，来做一个奔跑的小鹿，好不好？

（2）展示红泥小鹿制作步骤，引导幼儿观察并了解制作泥塑的方法。

师：小朋友们请看图 3-35，是老师采集的红泥，它比较干，有很多小颗粒。

师：我们加水调和后，像和面一样，用双手将红泥调和好。可以用拍、摔或者揉的方式来和泥，如图 3-36 所示。

师：将和好的红泥捏塑成条状、块状等形状，如图 3-37 所示，然后我们运用牙签将它们各部分组合起来。

图 3-35　红泥形状　　　图 3-36　加水调和的红泥　　　图 3-37　红泥块

（3）教师介绍操作材料，引导幼儿尝试捏塑，巩固学习连接的方法。教师引导幼儿观察小鹿身体各部分的连接组合。

师：先将一份泥分成两份，团圆，分别插入木棒中，做身体和头。

师：揪出一小部分做成小鹿的两只耳朵和鼻子、尾巴，分别贴在头上的两边和下方中间。

师：剩下的泥分成四份，分别搓成长条，做小鹿的四肢。最后把活动眼睛压贴上，奔
　　跑的小鹿就做好了。

3. 幼儿自由进行立体泥工制作，教师巡回指导

（1）引导幼儿根据各部分的大小进行分泥。

（2）提醒幼儿不要将四肢搓得过长过细，并能尝试比较适合的连接方法。

在进行造型时，建议幼儿将四肢摆出各种各样的奔跑的姿态。

（3）鼓励幼儿展示自己的作品。

（4）引导幼儿欣赏同伴的作品，幼儿之间互评，一起创编故事。

作品展示

图 3-38 所示为大班幼儿奔跑的小鹿美术作品。

图 3-38　红泥制作的奔跑的小鹿　李鹿飞　6 岁

活动延伸

　　请幼儿把制作好的小鹿带回家同爸爸妈妈一起分享，鼓励幼儿回家制作出小鹿的爸爸
妈妈来，装饰成一件泥塑工艺品，带到幼儿园，教师将幼儿的作品放置于手工展览区。

第四节　笔的创意与表现

　　3～6 岁幼儿的年龄特点决定了幼儿对外界事物的注意力容易分散、转移，特别在幼儿园美术活动中，单一的绘画方式容易让幼儿产生厌倦情绪。让幼儿尝试多种作画工具，不仅能调动幼儿的兴趣，让幼儿集中注意力，而且能让幼儿掌握更多作画工具的使用方法，帮助幼儿综合全面地运用各种作画工具，为幼儿天马行空的绘画创作提供了选择工具的空间。绘画中的作画工具种类较多，本书主要运用一些作点缀的装饰笔，如具有金属光泽的金银笔、油漆笔，具有覆盖效果的涂改液，还有常常用作装饰边沿的记号笔进行创意设计，用一些不常用到的"笔"来绘画创作，会收到意想不到的效果。

一、涂改液画——水母跳舞（小班）

设计意图

　　涂改液，又叫修正液，是一种普通文具，白色不透明颜料，涂在纸上以遮盖其他笔的线条、颜色，干涸后还可以在涂改液上重新涂色。利用这一特点，可用涂改液在灰色调的纸上来绘画，改变以往绘画工具只能画黑不能画白的弊端。涂改液结合油画棒使用，使画面黑白冲突明显，不仅起到新颖的视觉刺激和装饰效果，而且能为幼儿提供更自由的绘画空间。

活动目标

　　（1）认知目标：运用涂改液和其他作画工具的搭配，感受涂改液的覆盖性带来的特殊效果，画出具有装饰意味的绘画作品。

　　（2）情感目标：激发幼儿的创作兴趣和表达欲望。

　　（3）技能目标：学习用勾线的方法表现水母的身体，并用曲线添画触手。

活动准备

　　水母图片、视频 PPT、深蓝色卡纸或黑色卡纸、涂改液、荧光笔。

🎺 **活动重点**

引导幼儿使用涂改液，并提醒幼儿使用时应该注意的事项。引导幼儿利用涂改液和其他笔搭配画出幼儿自己喜欢的、具有一定装饰美感的绘画作品。

📽 **活动过程**

1. 情境导入

（1）播放水母视频，引导幼儿观察水母（如图 3-39 所示）的外形特征、颜色。

师：请小朋友们观察并回答哪个部位是水母的身体。它的身体像什么？哪里是水母的触手？它的触手是什么样子的？像在做什么？我们用小手学一学它扭来扭去的样子吧。

图 3-39 水族馆水母摄影作品

（2）引导幼儿讨论如何画水母。

师：水母是什么颜色的？我们如何在纸上画出水母呢？

（3）让幼儿观察老师事先准备的画。

2. 理解体验

（1）教师提问。

师：小朋友们刚才看到老师手中的画和你们脑海里想的一样吗？那你们觉得和平时我们的画有什么不一样的地方呢？

（2）幼儿回答。

教师总结：水母是用涂改液替代了画笔而画出来的。

（3）教师示范如何使用涂改液，并提醒幼儿使用的时候要注意什么。

提醒：水族馆中有的展览缸中打了彩色灯光，使水母呈现彩色效果，可用涂改液画出水母，再用荧光笔覆盖涂改液涂上颜色，也可以不涂，留出涂改液的白色。

3. 自由创作

（1）发放材料，引导幼儿大胆地作画，将自己想象的画面画出来。

（2）让幼儿画完后与同桌交换，互相讨论和欣赏。

作品展示

图 3-40 所示为太原创 e 空间美术工作室学生作品《水母跳舞》。

图 3-40　水母跳舞　太原创 e 空间美术工作室学生作品

活动延伸

引导幼儿思考根据涂改液的特点，除了在深色卡纸上作画，还能在什么上画。在活动区提供瓷砖、皮革、布料、PVC 片等，让幼儿尝试。

二、金银笔画——仿古描金漆画（中班）

设计意图

金银笔，即金银油漆笔。金银笔画，全称叫"黑卡金银笔画"，就是在黑色的卡纸上用金银笔来绘画。一般以黑色的卡纸做底色，用金银笔作画效果更出色。这种金属光泽的笔在绘画中起到一定的装饰作用。对幼儿来说用这种工具创作的绘画作品有一定的视觉刺激感和新奇感，能够满足幼儿参与美术活动的兴趣。兴趣是最好的老师，浓厚的兴趣才是幼儿发挥创造力的基础。幼儿可以利用金银笔画出生活中他认为闪光的东西，如星星、月亮、灯光、宝石等，也可以表现用金银词汇形容的事物，更多地扩展幼儿利用绘画来表现情感的空间。

活动目标

（1）认知目标：认识中国古代工艺——"描金漆画"。

（2）情感目标：学会用金银笔创作画面，模仿中国古代描金漆画的艺术。

（3）技能目标：初次探索金银笔，感受金银笔画带来的金属质感的画面效果和视觉刺激。

活动准备

围成 C 形的桌子，古代描金漆画参考图片 PPT、圆形黑卡纸、金银笔、铅笔。

活动重点

（1）学会用金银笔模仿中国古代描金漆画的艺术。

（2）合理组织画面，感受金银笔画带来的不同画面效果和视觉刺激。

活动过程

1. 情境导入

（1）教师引导幼儿通过欣赏中国古代描金漆画作品（如图 3-41 和图 3-42 所示）观察画面的特点与内容。

师：小朋友们，你们知道它们用什么画成的吗？上面画的是什么？

教师总结：它们都是圆形的，黑色底色；它们是用金色的油漆画的图案；画的内容有人物、树木、花鸟、山水等。

图 3-41　清代描金漆画福禄寿纹圆板

图 3-42　清代描金漆画圆板

（2）教师讲解古代描金漆画艺术。

师：这种画叫作描金漆画，是我们中国古老的漆器工艺，就是在古代给家具刷漆做装饰
　　时用的一种绘画创作工艺。现在这种漆画艺术成为一种新兴的画种，可以用来描绘
　　明暗、空间，生动地再现画家对周围世界的印象和感受，表现出逼真的艺术形象。

2. 理解体验

（1）让幼儿认识金银笔。

师：我们今天就来画这种金色的漆画，可是我们没有油漆呀，怎么办？不过呀，老师
　　这里有一种可以画出金属光泽的笔，这个叫作金线笔。（出示金线笔，并示范用
　　法，引起幼儿的兴趣）

（2）教师示范如图 3-43 所示。

图 3-43　麦穗画法步骤图

师：金漆画画家们都在表现他们大人眼中的生活事物，那我们小朋友可以表现什么呢？

师：老师想到了秋天里金色的麦田。

师：请小朋友们观察一下老师制作的步骤。

① 圆形黑卡纸上用金线笔从下往上画满麦穗，在画麦穗时，可以儿歌方式辅助让幼
儿记住麦穗的画法，如："一串圆圆宝，头上张青草，两个小辣椒，倒把麦穗包"。

② 提醒幼儿注意遮挡关系、近大远小。

③ 用金线笔时要慢慢画，速度太快就画不出来金色了。

④ 可以再画上云朵、太阳和小鸟。

3. 自由创作

（1）发放材料，幼儿把自己想表现的生活事物、事件画下来。

师：小朋友们是想画得和老师的一样还是想画自己对生活的印象呢？那大家就开始吧！

（2）幼儿作画，教师巡回指导。

（3）引导幼儿与同伴交流，让幼儿描述自己画的是生活中的什么事物，有什么故事。大家互相欣赏、评价，教师作总结并将幼儿的作品放于展览区。

作品展示

图 3-44 所示为中班幼儿的金银笔画《生活印象》美术作品。图 3-45 所示为中班幼儿的金银笔画《未来城市》美术作品。

图 3-44　金银笔画　生活印象　李于越　5 岁

图 3-45　金银笔画　未来城市　宝宝　5 岁

活动延伸

引导幼儿用所学技法画出不一样的画面，如金色的玉米堆、金色的树叶、金色的草地等。让幼儿把自己的画带回家，把课堂所学知识讲给爸爸妈妈听，加深对描金漆画的理解。

三、记号笔画——鸟的天堂（大班）

设计意图

记号笔是最好的描线工具，在幼儿绘画中发挥的空间非常大。它有很强的遮盖性，可以覆盖住任何颜色，可以在任何物体上绘画，可以用来勾边装饰绘画，也可以独立成为绘画工具使用。本活动设计《鸟的天堂》以记号笔剪影效果来表现。剪影本来是摄影中的一个词语，是指形态没有明显的细节的黑影形象，一般为亮的背景下的较暗的主体。设计本活动的目的是让幼儿以新的视角来感受大自然，学会用新的绘画手法表达情感。

活动目标

（1）认知目标：感受光影的魅力，掌握记号笔作画的步骤。

（2）情感目标：在体验大自然剪影摄影作品的过程中，激发幼儿对大自然的热爱，提高幼儿对自然元素的观察能力。

（3）技能目标：学会用记号笔描绘鸟群剪影创作，感受记号笔的遮盖效果。

活动准备

高空中飞鸟摄影作品若干、黄色／橘色／灰蓝色 8 开卡纸、黑色记号笔、油画棒、范画。

活动重点

学会用记号笔描绘鸟群飞翔剪影场景创作，感受记号笔的遮盖效果。

活动过程

1. 情境导入

教师播放各种鸟群的叫声、流水声、轻音乐，让幼儿用心感受大自然的美。

师：下面老师和小朋友们做个游戏，请大家把眼睛闭上，用耳朵听。

师：请大家轻轻睁开眼睛，看我们的大屏幕。（播放鸟群飞翔的 PPT，如图 3-46 所示，让幼儿用眼睛感受自然之美，记住画面）

图 3-46　公园上空自由飞翔的鸟群　摄影作品

师：为什么我们看到的鸟和树是黑色的？

（天空光线亮，我们是背光看的）

2. 理解体验

（1）教师引导幼儿欣赏美景，启发幼儿的创作欲望。

（2）展示范画，让幼儿欣赏，讨论绘画方法。

（3）出示记号笔，告诉幼儿鸟的剪影就是用记号笔画出来的。

（4）示范过程，讲解作画步骤。

① 选一张亮色的卡纸，用油画棒点缀出背景天空的颜色。

② 用记号笔画树影和鸟。

3. 自由创作

（1）幼儿开始绘画，教师提醒作画步骤的顺序和作画技法，辅助幼儿完成他们感觉困难的步骤。

（2）教师带领幼儿欣赏、讲评其他人的作品，表扬画得精彩的幼儿。

作品展示

图 3-47 所示为大班幼儿的剪影画作品《鸟的天堂》。

图 3-47　剪影画　鸟的天堂

活动延伸

在展览区提供各种剪影效果的摄影作品，投放画材，为幼儿提供更多的表现机会和空间。

第五节　综合材质的探索与表现

　　所谓的综合材质常指用于界定现代绘画中非传统材料的绘画作品。在幼儿美术活动中一般选择生活中的废旧材料、自然中的非常规材料。比如生活中不为人们注意到的边角材料，如鸡蛋托、废旧瓶子，自然界中不被注意到的各种石头，非常规材料如金属锡箔等。教师引导幼儿合理利用和改造这些材料，让幼儿忘记旧物原有的功能，用一种探究的眼光，重新认识和研究这个物体的材料、性质、形状等，并开发新的功能用途。这样的探索过程不仅可以锻炼到幼儿手、眼、脑的协调，让幼儿感受在创作过程中对美术的追求与情操，更易于开发幼儿的发散思维、反常规思维，才能让幼儿更积极主动地进行表现与创作。

　　幼儿对非常规的材料有着本能的好奇心和探索欲望。比起单一的绘画材料，幼儿更喜欢沉浸在这些物质的材料里，乐此不疲地将喜欢的材料"占为己有"，并努力用各种方法把它们堆砌在一起。作品如图3-48所示。正如有位教育专家说过："幼儿园教育缺少的不是教育资源，而是对丰富多彩的教育资源敏锐的识别、选择，及时地加工、开发以及利用的能力。"

图3-48　太原市创e空间美术工作室　教师作品

　　因此，在美术活动中，教师因"材"施教，对幼儿进行材料联想的引导非常关键，幼儿们的学习兴趣更好地被激发后，在强烈的创作欲驱使下才能创作出一幅幅意想不到的精彩作品（如图3-49和图3-50所示）。

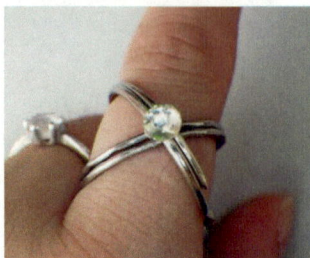

图 3-49　旧物改造《送给妈妈的生日礼物》
尧都实验二小幼儿园　5 岁

图 3-50　锡纸创作《愤怒的鸟蛋》
实验二小幼儿园　4 周岁

一、金属锡箔——金属叶子浮雕画（小班）

设计意图

　　金属锡箔纸具有可塑性，没有回弹性。将锡箔纸的这一特性应用在美术活动中，可以在锡箔纸外表捏出所需求的纹路凹槽外表，配上色彩。通常绘画中画面过于平坦无法体现质感，那么在锡箔纸下垫上物体，通过按压，使锡箔纸表面呈现出所垫的轮廓纹理，使画面产生金属浮雕的感觉，再配上丰富的色彩，就可以创作出一幅画面完整、具有立体质感和特殊美感的美术作品。

　　锡纸画在艺术效果上能弥补普通纸画作品中画面过于平整、无法表现质感的不足，在艺术手法上将绘画技法和手工技法有机融合，能促使幼儿灵活整合多种技法如水粉画、拓印、编织等进行创作。本次美术活动根据锡箔纸这一特性，针对性地设计金属浮雕画，既可以让小班幼儿接触更多的绘画材料，制作出具有装饰意味的美术绘画作品，又可以弥补幼儿绘画知识缺乏的不足，满足幼儿的成功喜悦感。

活动目标

　　（1）认知目标：通过学习，让幼儿了解金属锡箔纸的特性。

　　（2）情感目标：激发幼儿对新材料探索的兴趣和愿望。

　　（3）技能目标：让幼儿学会举一反三，可以借助其他材料用锡箔纸制作金属浮雕画装饰画。

活动准备

　　（1）教具：锡箔纸、水彩笔、硬纸板、一次性筷子、成品金属浮雕范画数幅。

　　（2）学具：提前让幼儿准备脉络清晰的树叶。

活动重点

掌握用金属锡箔纸作画的步骤与方法。

活动过程

1. 情境导入

（1）观赏作品引入课题，激发幼儿的兴趣。

师：老师"搬"来一幅好重的作品，请小朋友们看看它是什么做的？

（教师故意做出"搬"的动作，出示叶子浮雕范画，让幼儿欣赏）

师：请小朋友猜猜它用什么材料做的，如何制作？

（2）请幼儿与同伴交流，欣赏并讨论。

师：请小朋友们来摸一摸、搬一搬。

师：哦！原来它不重，那么这是什么材料做的呢？

（3）出示锡纸材料，导入课题。

师：原来它是锡纸做的。

2. 理解体验

（1）引导幼儿欣赏锡纸画，帮助幼儿感受锡纸作画的效果。

师：看了这些漂亮的锡纸画，你们想不想自己动手做一做呢？

（2）教师示范制作步骤（边示范，边讲解，提醒幼儿注意事项）。

① 教师先在纸板上放置三至四片树叶，将树叶脉络清楚的一面朝上，注意构图要漂亮。

② 然后将锡箔纸盖在树叶上，包住纸板边缘，注意包严实，压紧。

③ 把纸板翻过来，整理锡纸边缘，注意压平整。

④ 翻到正面，用小手压锡箔纸，使叶子的脉络凸显出来；用一次性筷子划、压细小部分，整理画面。

⑤ 用水彩笔给凹下去的部分涂上喜欢的颜色；用面巾纸打磨表面。

3. 自由创作

（1）给幼儿发放材料。

（2）教师提醒步骤，幼儿操作。

（3）教师巡回指导，辅助幼儿第2步、第3步的操作。

（4）将幼儿的作品集中放置在活动区域，让幼儿互相欣赏、评价并讲述自己的作品的故事。

作品展示

图3-51所示为金属叶子浮雕画作品。

图3-51　叶子浮雕画　阳光之美教学学生作品

活动延伸

教师展示其他材料制作的浮雕范画，告诉幼儿所用材料，引导、鼓励幼儿利用感兴趣的材料制作金属浮雕装饰画。

二、蛋盒创意——妈妈的画像（中班）

设计意图

鸡蛋托是我们生活中常见的一种物品，蛋托在盛鸡蛋之余，还能兼职做做彩绘艺术。来自荷兰的艺术家 Enno de Kroon 利用蛋盒表面的肌理效果，巧妙地在蛋盒上进行绘画创作（如图3-52所示）。他把这些作品统称为"eggcubism"（蛋托立体画）。

根据这一创意，在本次美术活动中以蛋盒创意设计亲子活动，让幼儿在蛋托上画妈妈。让幼儿运用水粉颜料在凹凸不平的蛋托上画出最熟悉的妈妈，激发幼儿作画的欲望。幼儿园设计亲子活动，让幼儿尝试初步写生的过程，可以很好地锻炼幼儿的观察能力。幼儿用各色的水粉颜料在灰溜溜的蛋盒上为自己的妈妈画像，赋予鸡蛋托新的生命。

图 3-52　荷兰艺术家 Enno de Kroon 蛋托立体画作品

活动目标

（1）认知目标：让幼儿感受新材料——蛋盒的肌理效果，掌握作画方法。

（2）情感目标：了解人物的不同表情、脸型、发饰、发型等。

（3）技能目标：掌握蛋盒作画的技巧。

活动准备

（1）艺术家的蛋盒立体画 PPT，人物头部造型图片若干张。

（2）蛋盒、铅笔、橡皮、记号笔、水粉颜料（或丙烯）、水粉笔（2 号、5 号、8 号各一支）。

（3）已有水粉涂色经验。

（4）亲子活动课，要求幼儿的妈妈到场。

活动重点

重点掌握蛋盒立体画的作画方法和水粉的涂色方法。

活动过程

1. 情境导入

（1）教师通过猜谜语，激发幼儿的学习兴趣，引入课题，让幼儿认识蛋盒。

师：小朋友们，上课前我们来猜个谜语吧。尖尖脑袋圆圆肚，母鸡身体藏着多。咯嗒咯嗒屁股落，孵出小鸡真可爱。

师：小朋友们猜猜是什么？（幼儿回答：鸡蛋）

师：我们从超市买回来鸡蛋时，鸡蛋是躺在什么样的房子里的？是不是这样的？（出示蛋盒）我们平时吃完鸡蛋就把这个蛋盒扔掉了，太浪费了，在美术家手里蛋盒可以变成好多漂亮的美术作品呢。

（2）教师播放 PPT，展示荷兰艺术家 Enno de kroon 的蛋托立体画作品，让幼儿欣赏观察蛋托画的特点，以及与平时在纸张上画画有什么不同。

（3）幼儿交流回答。

教师总结：有了立体感；人物脸部的眼睛、鼻子、颧骨、嘴巴这些高的部位就画在蛋托凸起的地方，低的部位就画在蛋托凹下去的地方。

教师言语引导幼儿做一回艺术大师，给他们的妈妈画像，从而导入课题——蛋托立体画《妈妈的画像》。

2. 理解体验

（1）给幼儿看人物头部造型的图片，并重点讲解脸型、表情、发型、发饰等构造。（提醒幼儿观察自己的妈妈）

（2）教师挑选有特点的脸型进行示范。

（3）教师示范作画过程：

蛋盒上先用铅笔作画，选择中间三格或四格为脸部宽度，长度自定，来确定脸部位置，要注意眼睛、鼻子、嘴、颧骨画在蛋托凸起的部分；发型长度可让幼儿自己数格子确定；铅笔完成整体造型后，教师拿出水粉颜料由浅到深进行上色，上色时要平涂；涂画背景；最后用记号笔画细节部分，调整画面。

3. 自由创作

（1）幼儿对照自己的妈妈进行写生绘画，教师巡回指导，注意强调细节与要点。

（2）拍照记录：课堂过程照片，幼儿与画和妈妈的合照，完整画面照片（至少各一张）。

（3）可以由幼儿自己讲解，由家长点评自己孩子的画。尽量让每位家长都参与交流，指出优缺点，提出建议。

作品展示

图 3-53 所示为临汾市学院派童话世界学生作品。

图 3-53　临汾市学院派童话世界学生作品

活动延伸

将幼儿的作品保存好，进行整体展览，以便幼儿参观，拓展思路。

三、瓶子绘画——镂空彩绘瓶画（大班）

设计意图

瓶瓶罐罐是每个家庭都有的材料，在这些材料上动动脑筋，可以有很多不一样的创意。根据不同的材料与形状，通过粘贴、涂画、裁剪、加热变形等可以让幼儿感受和瓶瓶罐罐做游戏的乐趣，如用水粉或丙烯涂画，用毛线缠绕给瓶瓶罐罐穿毛衣，或者用麻绳缠绕、粘贴树枝创造原生态装饰等。

大班幼儿已经有了一定的绘画基础知识和技能，在本次美术活动的设计中，利用给瓶瓶罐罐用颜料画上颜色、图案，或粘上遮挡物做出镂空效果，创造出中国复古瓷器的效果，让幼儿在绘画过程中既掌握了新的作画材料，了解了中国文化，也充分利用了废物进行再创作。

活动目标

（1）认知目标：在欣赏活动中，感受中国风镂空瓶绘艺术的美，激发创作兴趣。

（2）情感目标：让幼儿感受在瓶上作画的快乐，并喜欢和主动参与活动。

（3）技能目标：尝试用线条和色彩表现彩绘瓶，学会借助工具制作镂空效果。

活动准备

古希腊瓶画和中国古代彩绘瓶图片、玻璃瓶、水粉笔、丙烯、金色金属笔、抹布（人手一块）、颜料盘、涮笔筒、A4 白色即时贴（人手一张）、细线记号笔等。

活动重点

重点让幼儿掌握在瓶子上作画的方法，了解中国传统文化。

活动过程

1. 情境导入

（1）教师播放幻灯片，引导幼儿欣赏中国风复古镂空彩绘瓷瓶（如图 3-54 和图 3-55 所示）的艺术美感。

图 3-54　柴窑瓷

图 3-55　清乾隆　粉彩镂空瓶

师：这些瓶子漂亮吗？（教师引导幼儿边看边思考）

（2）瓶子上面画的什么内容？用的那些颜色？有什么样的特点？

总结：瓶身有对称彩绘花纹图案；中间有带状连续花纹；根据所绘花纹图案进行镂空；镂空边缘有金色装饰线。

2. 理解体验

（1）教师进行操作示范。

（重要部分重点示范，简单部分点到为止）

（2）请小朋友们仔细观察老师的操作步骤（如图 3-56 所示）。

图 3-56 镂空彩绘瓶制作步骤

① 先在即时贴上画上需要的花纹图案（可以是花纹，也可以是简单形状），剪下来贴在瓶身中间位置。

② 给瓶身刷上一层白色的丙烯颜料；用记号笔在瓶身上画自己设计好的花纹图案。

③ 用彩色丙烯绘图案；揭开即时贴，用金色金属笔在镂空部分的边缘画上金色装饰线。

3. 自由创作

（1）发放材料，幼儿开始操作，教师巡回指导。

（2）教师引导幼儿讨论。

师：大家做的瓶绘非常漂亮，我们一起来互相欣赏一下吧。

师：你最喜欢哪一个？为什么？

作品展示

图 3-57 所示为北京新家园美术培训中心学生作品。

图 3-57 北京新家园美术培训中心学生作品

活动延伸

引导并鼓励幼儿用同样的方法在不同玻璃器皿上进行创作，将优秀的作品放置在美术展览区。

四、神奇石头——石头大变装（大班）

设计意图

在石头上作画是创作者利用石材本身所具有的形状、质地、纹理而进行艺术构思，凭借深厚的绘画功力，进行创作。创作者通过精巧设计和绘画，赋予石头新的生命，让一种普通平常的石头"鲜活起来"。

石头画属于意愿画活动，是幼儿根据自己的生活经验，由自己独立确定绘画主题和内容，运用所掌握的美术知识和技能，自由地表达自己的情感、愿望的一种绘画活动形式。

"神奇石头"这一活动，可以让幼儿摆脱平面纸张绘画的审美疲劳，体会在立体造型上进行绘画的新颖与好奇感。当幼儿开始探究并发现事物之间的关系和变化时，教师要抓住这一时机，运用特殊的美术形式对幼儿的创造潜能、审美表现愿望等进行充分挖掘和培养。美国心理学家 B.S. 布鲁姆提出："如果把人的创造力用 100% 来表示的话，那么其中 50% 是在 5 岁之前获得的。"作为幼儿园大班的幼儿，他们正处于创造思维形成的黄金时期，因此，幼儿园应通过幼儿感兴趣的石头，不失时机地培养幼儿的创造思维能力。在活动中，教师引导幼儿根据石头原形大胆想象，比如，幼儿发现有的石头形状像水果，就根据石头原形画成某种水果，像植物就画上植物，也可以画上不同的表情，根据石头的原形创作出不同头型的脸谱，让幼儿体验制作的快乐，感受石头的神奇变化。

活动目标

（1）认知目标：能根据石头的形状进行想象，尝试运用所学绘画知识制作石头画。
（2）情感目标：培养幼儿的审美情感。
（3）技能目标：充分发挥想象，大胆尝试创作作品。

活动准备

石头画仙人掌盆花、洗干净的石头若干、多媒体课件、水粉颜料、水粉笔、毛笔、调色盘、黑色记号笔等。

活动重点

能根据石头的形状进行想象，尝试运用所学绘画知识制作石头画。充分发挥想象，大胆尝试创作作品。

活动过程

1. 情境导入

（1）请幼儿观察，摸一摸，小心拿一拿，教师总结。

师：老师给小朋友们带来一盆花，请小朋友们看看，漂亮吗？

师：这和我们平时的盆花有什么不同？

（2）引导幼儿自由讨论。

师：我们怎么样才能把一块普普通通的石头变得漂亮呢？

2. 理解体验

（1）播放 PPT，请幼儿欣赏 PPT 中的石头画。

师：每一块石头都有自己不同的特点。今天我们都来画一画石头，让石头大变身，比比谁的石头最漂亮吧。

（2）教师示范石头变身的步骤和技法。

① 拿出一块石头，让幼儿观察，启发幼儿想象：像什么形状？怎样装饰让石头变身呢？

② 教师用记号笔、水粉颜料等装饰石头。

③ 让幼儿讲述想怎么样装饰自己的石头，引导幼儿装饰石头并大胆地创作。

3. 自由创作

幼儿绘画装饰石头，教师巡回指导。

（1）提醒幼儿用各种方法装饰石头。

（2）鼓励幼儿大胆涂色，使画面色彩鲜艳。

作品展示

图 3-58 所示为临汾市幼儿园大班幼儿集体作品。

图 3-58　石头装饰画　临汾市幼儿园大班幼儿集体作品

活动延伸

1. 幼儿相互欣赏其他伙伴的作品，说说自己的石头神奇在哪里。
2. 在活动区放置石头画材料，便于幼儿创作出更多作品，加强幼儿创作思维练习。

第四章　造型语言

——幼儿美术形式的创意运用

达·芬奇曾说过:"绘画科学首先是从点开始,其次是线,再次是面,最后是由面规定着的形体。"点、线与形等也是美术活动的最基本的造型元素。在幼儿美术活动中要培养幼儿对这些基本元素的认知、理解与想象。幼儿会以既有的、熟悉的表现手法,用点、线、面、形等简单的元素来"记录"心中的生活经验,把自己的情感体验转化为具体的、生动的、直观的艺术形象,描绘他们眼中的世界,并有着自己独特的理解,如图4-1和图4-2所示。

图4-1　襄汾县第二幼儿园　陈嘉铭　5岁

图4-2　襄汾县第二幼儿园　李于越　4岁

本章根据幼儿年龄的特点,以点、线、形与空间等顺序来设定活动内容。3~4岁的年龄段,幼儿处于有目的性的涂鸦阶段,通过点的涂鸦、造型及变化逐渐把自己的生活经验与涂鸦内容联系起来。涂鸦的练习促进了幼儿思考能力与语言能力的结合,这个阶段是幼儿开始接受艺术教育的最佳时期。4~6岁时,幼儿开始有意识地去运用线条创造形体,并尝试利用其自创的图形与外界沟通。通过对线条的各种探索与体验,如螺旋形线条、神奇的刮线画、游戏式的拉线画等,不同质感的线条与画面产生的效果,引发幼儿不同的创造与想象能力。当幼儿熟悉线的各种变化时,教师可以引导他们用线来组合各种规则的图形或者不规则的图形,并借着线与形的组合与转换,给予幼儿发挥的空间,也是创意美术教学最有意义的地方。

第一节　始于圆点的探索

点在本质上是最简洁的形态,是造型的基本元素之一。点可以代表任何事物,它无所谓方向、大小、形状。但在画面中点的大小是有限度的,超越限度将会失去点的性质成为"面",比如,飞机在起飞前,离我们很近,在我们视觉范围内显得很大,飞机就是面不是点。当飞机在几千米高空时，离我们很远，飞机与天空对比，飞机就成为点了。因此，在美术绘画中，很多在画面中占很小比例的形象都可以理解为点，它可以是圆点、三角点、方形点、自由形点、泥点、光点、海绵点、喷雾点或其他任意形态。无论何种形态，只要在画面中保持着其细小单位的性质，就可以理解为"点"。

一、点的联想——砂画满天星（小班）

设计意图

教育学家苏霍姆林斯基说："在人的心灵深处，总有一种根深蒂固的需要，这就是希望自己是一个发现者、探索者。"求变、求异是儿童的天性，他们往往对一些大家习以为常的东西具备独特、敏锐、细致的观察力。在点的联想中，教师可以和幼儿一起联想生活中很多与点有关的事物，并引导幼儿了解点可大可小、可以是任何形态，让幼儿饶有兴趣地在思考中进步。

活动目标

（1）认知目标：通过欣赏一些宇宙、星空图片及有关点的摄影作品，开拓幼儿的思路。

（2）情感目标：培养幼儿运用各种相关知识来丰富想象力与创造力的能力。

（3）技能目标：指导幼儿在黑色或深蓝色砂画纸上创作出富有个性特点和形式感的满天星。

活动准备

供幼儿欣赏的图片、作品，示范用的材料、砂画绘画工具材料、砂画纸、色粉笔、纸笔、星空图、关于点的PPT。

活动重点

（1）掌握用色粉笔和纸笔画点的技法。

（2）理解点的意义。

（3）学会用点的联想思维创作绘画，并合理安排画面。

活动过程

1. 情境导入

（1）欣赏摄影图片，让幼儿观察宇宙中星星呈现的各种形态，让幼儿讨论，说说他们眼中的星星是什么形态的。

（2）让幼儿上台来在白板上画出自己眼中的星星。

2. 理解体验

（1）教师语言引导，并示范画法，让幼儿理解。

师：小星星静止时是大小不同的圆点、星形点、圆圈、圆球等形态，如图4-3所示。

图4-3　星空摄影作品

师：小星星运动时是轨迹不同的长点形态，它们像在比赛跑步。

（2）教师示范色粉笔的用法，可用纸笔擦除星星的光芒和移动时拖动的彗尾。

师：星星离我们远了就是一个小点，离我们近了就是一个大点，离我们最近的是月亮，好大的一个圆点哪，如图4-4所示。

师：有的小星星们排成队，连成一条波浪线，有的小星星们跳跳舞，组成一个大旋涡，如图4-5所示。

图 4-4　月球星空图

图 4-5　电脑壁纸　梦幻星空

师：小朋友可以发挥想象，天上的星星像宝石一样，是五颜六色的，还可以是梦幻的，如图 4-6 和图 4-7 所示。

图 4-6　一组梦幻星空图电脑壁纸（一）

图 4-7　一组梦幻星空图电脑壁纸（二）

3. 自由创作

（1）教师演示，指导幼儿绘制一张砂画满天星，鼓励学生选用自己喜欢的颜色，创作出自己眼中的满天星。

（2）引导幼儿通过大胆的想象与构思，用点的形态创作一幅较有新意的满天星画面。

在绘画过程中，教师鼓励幼儿打破常规的构思描述自己心中的星星的形象与动态，肯定幼儿自由的作品设计和创意的表现。

（3）展出幼儿的作品，让其他幼儿根据自己的想象与构思进行交流，要求幼儿收拾和整理桌面、地面，保持教室环境整洁。

作品展示

砂画满天星作品如图 4-8 和图 4-9 所示。

图 4-8　赛跑的群星　E.E　4 岁

图 4-9　满天星　李于越　4 岁

活动延伸

在活动区张贴各种点的形态的摄影作品和用点来描绘的绘画作品，拓展幼儿关于点的形态的知识面，培养幼儿发现美、表现美的能力。

二、点的造型——静悄悄的小雪花（中班）

设计意图

无论是何种点，其形状、形态都是轮廓封闭的形，视觉上会出现注目感、集中感。同样时，点也会成为力的中心、重心，具有集聚感、张力作用的扩张感。点的造型可分为几何形态的点和自由形态的点。点的造型形式多样，不同大小、密度的点混合排列，会形成一种张弛有度的、散点式的造型形式。点的排列，也会形成线的感觉，如把点从大到小按一定的轨迹、方向进行变化排列，会产生一种优美的韵律感。本活动设计在于让幼儿学会用各种点的形态表现雪花的不同造型，而且通过表现雪花跳舞或风刮过的轨迹等，感受点的排列产生的韵律美，拓展思路，让幼儿掌握更多的绘画表现技巧。

活动目标

（1）认知目标：认识雪花的各种形态，尝试用点的造型画大大小小的雪花。
（2）情感目标：欣赏雪景画，感受冬天的色彩美。
（3）技能目标：体验撒盐法带来的神奇效果与乐趣。

活动准备

（1）关于雪景和雪花微距摄影 PPT、轻音乐。

（2）粉性油画棒、素描纸、蓝墨水、大号水粉笔、洗笔筒、记号笔、食用盐。

（3）铺好报纸的桌子。

活动重点

掌握撒盐法的步骤与方法。

活动过程

1. 情境导入

（1）通过猜谜语游戏导入课题。

师：冬天到了，今天冰雪皇后是给我们的世界带礼物来了。猜猜礼物是什么呢？

　　小小白花天上栽，一夜北风花盛开，千变万化六个瓣，飘呀飘呀落下来。

（幼儿回答，教师暂不揭示谜底，引发幼儿的好奇心理）

（2）播放音乐，欣赏雪景 PPT，引起幼儿的兴趣。

（3）教师提问：小朋友们觉得这些图片漂亮吗？（如图 4-10 所示，下起了雪，给树呀，房子呀，染上了白头发，给大地盖上了厚棉被）

小结　原来是漂亮的雪花在晚上悄悄地装点了世界。

图 4-10　下雪了

2. 理解体验

（1）观察雪花，认识雪花，如图 4-11 所示。

师：雪花是什么样的？

图 4-11 雪花特写参考图

① 教师请一两个幼儿上台来画一画雪花，其他幼儿评一评，发表不同意见。

② 播放雪花摄影 PPT，幼儿观察、讨论，教师小结。

师：边讲边画：小雪花是白白的，有的是 6 瓣的，花瓣上有小羽毛，这样它才能在天上飞；有的是圆球的，近处的大，远处的小；有的手拉手像鹅毛飘飘扬扬落下来，十分美丽。

（2）教师边讲边示范。

① 先用记号笔画上房子和大树。

② 用白色油画棒画近处的 6 瓣雪花，再画大大小小的点表现远处的雪花。

③ 用水粉笔蘸上蓝墨水涂满整个画面。（油水分离，显现雪花）

师：可是雪有点太少了，远处还有好多密密的雪花没有画上，太多了，画不完怎么办？老师有个法宝可以帮助你们（出示食用盐）。

④ 趁画面未干，在"天空"撒上少量盐，在房顶、树上、地上多撒盐。

⑤ 晾干画面，擦去食盐。（晾干过程中可以先让幼儿构图绘画）

⑥ 最后，用黄色油画棒，以大大小小方点的造型画出各个房子里的灯光。

3. 自由创作

（1）幼儿作画，教师巡回指导，辅助幼儿完成撒盐技法的练习。

（2）待画面吹干后，擦去食盐，展现神奇的雪景效果。

师：小朋友们画了好多雪花，看，把小雪人都引过来了，你们真棒。

（把幼儿的作品连成一排，就是一幅幅静悄悄的雪夜美景图，让幼儿与同伴互相交流作品。）

作品展示

图 4-12 所示为北京新家园美术培训中心的师生的雪花美术作品。

图 4-12　北京新家园美术培训中心师生作品

活动延伸

引导并鼓励幼儿用所学知识表现雪花跳舞或风刮过的轨迹等，如"冰雪皇后吹了口气，小雪花们高兴地跳起了舞"等，使幼儿感受点的排列所产生的韵律美，拓展幼儿的思路，让幼儿掌握更多的绘画表现技巧。同时在活动区张贴有韵律美的雪景图，供幼儿参考欣赏。

三、印象点彩画——彩色的大树（大班）

设计意图

点彩画是用两种或两种以上的颜料点画出若干点，通过点的集合、色彩搭配与重叠，表现出事物色彩的美感。点彩画表现手法新颖活泼，表现形式富有创造性，适合3～6岁幼儿的喜好，使幼儿从无意识地乱点乱画到有意识地理解并组织色彩，学习各种点画技法，在点画过程中感受以色彩的融合、组合、搭配的方法来表现物象。

活动目标

（1）认知目标：学习用棉签点画的技法，在点画过程中感受以色彩的融合、组合、搭配的方法来表现物象。

（2）情感目标：感受中外点彩画的魅力，初步点的色彩不同是因为受光线的照射不同影响的。

（3）技能目标：学会新的绘画技能，能按照自己的意愿表现物体明显的特征。

活动准备

（1）知识准备：有应用水粉颜料的基础。

（2）物质准备：水粉、水粉笔、洗笔桶、调色盘、蓝色卡纸、棉签、海绵球、秋天的大树彩色图片（每人一份）、印象派点彩画。

活动重点

掌握点彩画的步骤与方法。

活动过程

1. 情境导入

（1）欣赏中外著名点彩画作品（如图4-13和图4-14所示），感受点彩画的视觉魅力，观察中外点彩绘画有什么不同。

图 4-13　中国　吴冠中《海棠》

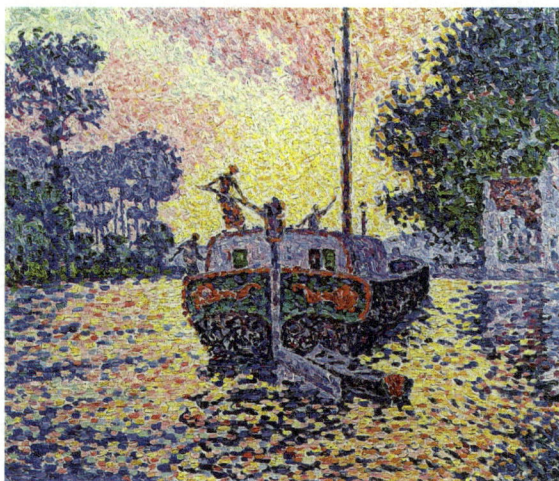

图 4-14　法国　新印象派点彩　保罗·西涅克作品

教师总结：中国点彩画画的是意境、印象；法国点彩画画的是写实、光影。

（2）欣赏秋天的大树的摄影图片（如图 4-15 所示），感受丰富多彩的树叶斑斑点点的美感，从而引出课题——彩色的大树点彩画。

图 4-15　秋天的大树 摄影

2. 理解体验

（1）教师示范"点"的方法和色彩搭配的要领，以及用棉签和海绵球点树叶的技法，告诉幼儿色彩可以重叠。

（2）根据图片用铅笔在卡纸上打形。用水粉笔调棕色水粉画树干。

（3）用棉签蘸取相应色彩的水粉点绘树叶、草地等。注意色彩的深浅搭配，树梢上颜色鲜艳些、浅一些，下面的叶子暗灰些、深一些。

（4）还有一些树的缝隙里没有点的，用海绵球蘸取颜料，先在废纸上试一试，再点在画面上。

3. 自由创作

（1）发放材料，同时播放秋天的大树风景 PPT。

（2）幼儿开始打形，点彩绘画，教师巡回指导。

（3）展示、欣赏幼儿的作品，表扬优秀的作品，并将幼儿的作品张贴在活动展览区。

作品展示

图 4-16 所示为北京新家园美术培训中心大班幼儿的作品。

图 4-16 北京新家园美术培训中心   大班幼儿作品

活动延伸

本节课学习了用棉签和海绵点大树，幼儿回到家还可以和家长一起用彩色点彩画法画小花园。

第二节 认知线条的神奇

线条是一种神奇的符号，如果说点是静止的，那么线就是点运动的轨迹，它具有位置、长度、宽度、方向、形状和性格等属性。不同的线有不同的感情性格，它有很强的心理暗示作用。在画面上，它可以随着人的情感、性格、经历而产生变化。根据画面的需要而产生或刚强或优柔，或畅快或持重，或明朗或晦涩，或跳跃或平静的效果。

线条是复杂的哲理、深奥的绘画语言，是绘画的基础之一，但也是幼儿最简单和最直接地表现自己的一种绘画语言（如图 4-17 所示）。在幼儿的眼中，每一根线条都充满了生命。如他们看到一根直线，会说那是一条毛毛虫，看到一条弯线，会说那是微笑的嘴巴。培养幼儿对基础造型元素——线的认知、观察、理解、想象创造、表现能力对培养幼儿的绘画兴趣、提高幼儿的绘画技术至关重要。

图 4-17　襄汾县第二幼儿园　陈嘉铭　4 岁

一、螺旋线——慢腾腾的小蜗牛（小班）

设计意图

教师引导幼儿通过仔细观察，发现自然、生活中千变万化的线条，让幼儿认识不同姿态的线条，体会线条的美感特征及其在美术作品和生活中产生的视觉效果。本活动设计通过观察、体验、感受、了解、感悟螺旋线的表现力，培养幼儿的造型能力和创造能力，同时锻炼小班幼儿的手脑协调能力。

活动目标

（1）认知目标：会画螺旋线，用螺旋线表现出蜗牛的基本特征。
（2）情感目标：能大胆作画，并能丰富画面。
（3）技能目标：运用螺旋形线条画蜗牛。

活动准备

有关蜗牛的动画片视频、蜗牛图片 PPT、绘画纸、记号笔、彩色油粉棒。

活动重点

（1）学会画螺旋线，并用螺旋线画蜗牛。

（2）学会举一反三，通过螺旋线引发联想，用螺旋线画更多的动物。

活动过程

1. 情境导入

（1）教师引导幼儿欣赏春天的景色，多媒体播放动画视频。

师：春天天气真好，我们一起去公园旅行吧！

（2）暂停视频，教师言语引导。

师：咦，你们看我们碰到了谁？

（蜗牛）

师：瞧，它的外衣真好看，有一个漂亮的装饰线，谁来给大家比画一下？

（幼儿初次体验）

教师总结：这个线叫作螺旋线（教师用手在空中画螺旋线，幼儿再次体验）。我们这
节课就来画画这只漂亮的小蜗牛。小朋友要仔细看动画片，看看小蜗牛会做什么
样的动作呢？

（继续播放动画片）

2. 理解体验

（1）师生共同讨论蜗牛的姿势。

师：蜗牛有时头向前，有时头向后，有时头垂下来；小蜗牛可以正着爬，也可以倒着
爬，真厉害。我们来画一画吧！

（2）教师示范蜗牛的画法：

①用螺旋线画蜗牛的壳，用弧线和 V 字线表现蜗牛的身体和头部；

②用自己喜欢的颜色和线条给蜗牛穿上漂亮的衣服；

③再画一只花纹不同的蜗牛做伴，使画面更热闹、更饱满。

④用白色粉棒给小蜗牛装饰一下亮亮的壳和湿漉漉的身体；

⑤画上背景叶子更漂亮。

3. 自由创作

幼儿作画，教师指导：

（1）鼓励幼儿大胆想象、大胆作画；

（2）多指导孩子画螺旋线；

（3）提醒幼儿线和线之间分开一点；

（4）鼓励幼儿涂色的时候要细心，坚持把画涂完。

作品展示

图 4-18 和图 4-19 所示为小班幼儿的蜗牛美术作品。

图 4-18　临汾市尧都区幼儿园　刘婉瑜　4 岁　　　图 4-19　北京新家园美术培训中心　陈雨馨　4 岁

活动延伸

教师言语引导：小蜗牛有个特别美好的愿望，它想把自己身上的螺旋线送给它的好朋友们，让它们也变得更加漂亮，小朋友们，想想小蜗牛可以把螺旋线送给谁？

教师在活动区张贴各种有螺旋线的图片，让幼儿发现经过螺旋线的装饰后图案变得更好看。

二、刮线画——不一样的烟火（中班）

设计意图

乱涂乱画是孩子的本性，是每个孩子与生俱有的能力。在一开始的绘画教学中，教师应鼓励幼儿自由地乱涂乱画，让他们确立自信心，树立一种良好的学习环境。活动中让幼儿用粗细不同的笔随心所欲地在纸上画，当他们无意中画出长线、短线、点线、粗线、细线、直线、弯线或随意的线时，教师适时给予鼓励和引导。

刮画线的设计不仅让幼儿享受涂鸦的乐趣，还可体验刮划刮画纸时出现意想不到的色彩的惊喜感，满足幼儿的好奇心。

活动目标

（1）认知目标：尝试运用各种线条表现烟花的绽放。
（2）情感目标：感受烟花绽放时的造型美。
（3）技能目标：体验刮画纸作画的乐趣及变化。

活动准备

刮画纸、不同粗细的作画工具、烟花绽放的视频和燃放烟花的图片等PPT。

活动重点

掌握刮画方法，会制作刮画纸。

活动过程

1. 情境导入

导入语引发幼儿的兴趣：小朋友们，每到新年的时候，我们就能看到许多人放美丽的烟花来庆祝，现在你们想看看美丽的烟花吗？

2. 理解体验

（1）引导幼儿欣赏烟花。
播放视频，引导幼儿初步了解烟花的基本造型。
师：烟花像什么？都有些什么颜色？（幼儿回答）
　　你们看到的烟花是什么样的啊？有什么特点？（幼儿回答）
　　教师总结：烟花到了天空中都是从一点向四周绽放的，就像花骨朵开放的过程一样，像喷泉喷水一样。有的烟花绽放起来像椰子树。

（2）引导幼儿欣赏范画。

师：烟花真漂亮！你们想放烟花吗？

　　我们来看看（出示烟花的图片）。

　　这朵烟花的线条是什么样子的呢？（一朵散开的直线条烟花）

　　因为这朵烟花绽放速度快，所以是直线的。

　　还有呢？

教师分别出示弧线条、短线点状、垂直线等烟花范画，让幼儿观察、回答，表扬幼儿，并作总结性回答。

（3）示范部分：幼儿初次体验画烟花。

师：你们还看到有什么线条不一样的烟花呢？

幼儿说一种，教师画一种，最后组合成一朵烟花。抽跃跃欲试的幼儿上台来画，其他幼儿点评。

师：原来美丽的烟花里面藏着这么多美丽的线条呀！今天我们用黑色刮画纸来放烟花，看看有什么神奇的效果。

3. 自由创作

幼儿作画，教师巡回指导：

（1）发放材料，教会幼儿用木棒、牙签等不同粗细的工具刮画；

（2）强调用不同的线条、不同的颜色从一点向四周画烟花；

（3）指导幼儿进行画面布局。

①幼儿上讲台介绍自己的作品，互评，教师作总结。

②表扬大胆选用不同线条作画以及画面饱满的幼儿。

作品展示

图 4-20 和图 4-21 所示为临汾市尧都区幼儿园中班幼儿的刮线画作品。

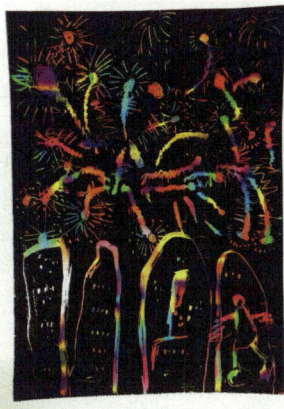

图 4-20 临汾市尧都区幼儿园 刘臻怿 5 岁   图 4-21 临汾市尧都区幼儿园 高宇呈 5 岁

活动延伸

教师言语引导：小朋友们，你们喜欢烟花吗？想想生活中还有什么像烟花一样可以用美丽的线条来表现呢？小朋友们可以回到家和爸爸妈妈商量一下，再画一种不一样的线条画，带到幼儿园。

三、拉线画——我的花手帕（大班）

设计意图

拉线画就是用一根蘸了颜料的绳子或毛线，随意地在纸上折叠或者另外覆一张纸，用手按压有绳子的部位，用另一只手将绳子拉出来，打开纸画面会呈现两个一样肌理的图案。本活动采用毛线代替画笔在纸上拉出漂亮的肌理画。毛线不仅容易搜集，而且在拉线作画的过程中，既可以让幼儿感受图案纹样的对称美，又锻炼了幼儿的动手能力，增强了幼儿的耐心和色彩的搭配能力。

活动目标

（1）认知目标：尝试用毛线拖拉颜料的方法装饰手帕，感知新奇独特的艺术表现形式表现出的对称美。

（2）情感目标：通过运用线绳随意弯曲的摆放方式，尝试不同的造型，感受线条之美。大胆想象，利用添画表达自己的想法，体验拉线画的乐趣。

（3）技能目标：学习用线拖着颜料绘画的技能，发展手部肌肉。

活动准备

（1）有左右对称图案的花手帕三块、左右对称的图片资料若干、范画一张。

（2）有简单的二方连续花边装饰经验。

（3）纺织颜料（或丙烯）、小号水粉笔、调色盘、毛线、正方形白手帕、记号笔等。

活动重点

掌握拉线法的步骤与方法；学会运用线绳随意弯曲的摆放形式摆放不同的造型，感受线条带来的偶然性美感。

活动过程

1. 情境导入

（1）引导幼儿欣赏花手帕，感受其形式美。

师：小朋友们，今天老师带来了花手帕，请你们一起来欣赏吧。

师：请小朋友们观察一下花手帕上的图案，初步了解什么是对称美。

（2）引导幼儿进行讨论与交流。

师：请小朋友们观察一下手帕上的花纹是怎样排列的？

启发幼儿思考手帕上花纹的颜色怎样搭配比较好看。

（3）引导幼儿画出漂亮的花纹。

师：老师请来了一位小客人，它可以很快地画出左右对称的漂亮的花手帕来，看看它是谁吧。（出示毛线）

师：小朋友们知道小毛线是用来做什么的吗？

师：小毛线还有一个本领，它还会画画。（停顿，激发幼儿的好奇心）

2. 理解体验

（1）出示范画。

师：这是用小毛线装饰的花手帕，漂亮吗？

师：你们想不想看看小毛线是怎么画出漂亮的花纹的？

（2）教师示范并讲解。

① 将白手帕对折，找到中线。（可以边对折，也可以角对折）

② 把毛线对折，提起头尾，把中间的部分蘸取一种色彩的纺织颜料（或丙烯）。

③ 把毛线放在手帕里（尽量靠近中线），把另一边折过来盖在毛线上，用手压住拉动毛线（可以建议幼儿用一本厚书压住）。

④ 再用另一种颜色的纺织颜料进行同样的操作，强调每个步骤中的重难点。

⑤ 用记号笔给画面进行添画。

⑥ 用记号笔和颜料给手帕装饰四周花边。

3. 自由创作

（1）幼儿实践操作，教师巡回指导。

师：让我们一起来邀请小毛线帮我们装饰小手帕吧！

幼儿在操作时，教师可帮助幼儿共同完成。

（2）引导幼儿大胆地尝试拉线游戏。

（3）指导幼儿大胆想象，完成油画棒添画过程。

（教师可配合儿歌让幼儿记住步骤，如：小毛线手中拿，颜料盒中蘸一蘸，手帕上面来跳舞，盖上棉被压一压，露出一条小尾巴，按住毛线用力拉）

（4）把手帕图案展示在教室的活动区域内，幼儿互相学习和欣赏，并评选哪块手帕最漂亮，教师及时鼓励、表扬一些作品富有创造力的幼儿。

作品展示

图 4-22 和图 4-23 所示为某幼儿园大班集体拉线画作品。

图 4-22 单色拉线画 某幼儿园大班集体作品

图 4-23 拉线画 某幼儿园大班集体作品

活动延伸

教师在活动区提供不同的材料和工具，鼓励幼儿课后尝试用其他材质制作拉线画。

第三节 理解图形的变化

图形是表示特定事物的一种存在或表现形式。幼儿对图形理解直接影响着幼儿对外部世界的认知，间接影响幼儿思维的形象性和概括性的发展。《3-6岁儿童学习与发展指南》要求3～4岁幼儿注意物体明显的形状特征，4～5岁能感知常见几何图形的特征，5～6岁能用常见的图形进行创意的拼搭和画出物体的造型。因此让幼儿理解图形的变化，不仅是帮助幼儿快速建构事物的外形轮廓，也有助于幼儿的形象思维能力的发展和空间感的认知。

基于图形的变化引导幼儿美术活动，首先是建立在幼儿生活经验和对图形的认知基础上。在生活中幼儿首先对圆形和方形等图形比较熟悉，幼儿阶段一般以平面图形的圆形、方形及三角形的学习为主。其次，通过现代艺术大师的作品引导幼儿去指认图形，探究形状的表现意义并让幼儿理解其形状的关系。比如蒙德里安以几何图形为基本元素的抽象画、哈利的涂鸦艺术以简练图形为画风的系列作品。最后引导幼儿探索自由图形的创作，引入米罗的作品让幼儿运用闭合的线条组成自由图形并展开想象进行添加创作。

一、几何图形——创意格子画（小班）

设计意图

蒙德里安是荷兰著名的新造型主义画作的创始人，他的作品常常用抽象的线条来概括各种事物，特别是他以几何图形为基本元素所创作的作品，风格线条简洁、色彩鲜明，很适合幼儿欣赏和学习。本活动设计中所欣赏的作品，尽管只有色块和线条，却能让幼儿产生丰富的联想，同时也能获得别具一格的审美体验。抽象作品为幼儿提供了一个不受拘束、自由想象、创造的广阔空间。本活动让幼儿了解蒙德里安画风在生活中的应用，不仅发挥美术名画欣赏的实用意义，拉近名画和幼儿间的距离，而且将名画欣赏和幼儿即兴创作相结合，可以有效地激发幼儿主动创作的积极性。

活动目标

（1）认知目标：幼儿通过欣赏蒙德里安的格子画，观察其中的线条和色块，领略格子画的特点。

（2）情感目标：激发幼儿对大师作品的喜爱之情。

（3）技能目标：幼儿借鉴格子画的特点设计创作格子画。

活动准备

相关画作 PPT、黑卡纸、重彩油画棒、透明胶条。

活动重点

掌握横线和竖线的组合与连接，能运用其特点设计创作格子画。

活动过程

1. 情境导入

（1）教师播放幻灯片，引导幼儿欣赏蒙德里安的画作《构图 C》（如图 4-24 所示）。

师：小朋友们，你们在蒙德里安的画作中看到了什么呢？

（引导幼儿观察画中的线条：这幅作品以黑色线条为主，点缀了几个彩色格子）

师：我带来了一些特别的图画，请你们看看这幅画上有什么？它们是什么形状？有什么颜色？

（2）出示蒙德里安的画作《红、黄、蓝的构成》（如图 4-25 所示），教师引导幼儿观察画中的线条和色块。引导幼儿比较这幅画和前一幅画有什么不同。

幼儿回答，师生共同总结：红、黄、蓝格子的大小不同。

图 4-24　构图 C　蒙德里安

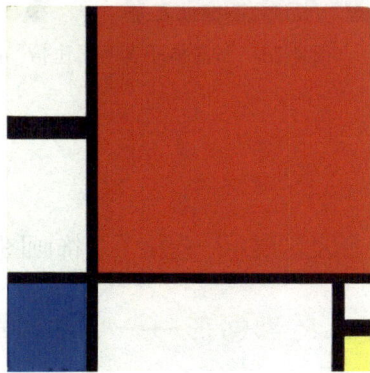

图 4-25　红、黄、蓝的构成　蒙德里安

2. 理解体验

（1）引导幼儿探索格子的构成。

师：老师给你们带来一张白纸，请小朋友们在白纸上画出一些方格子图形，好不好？

（教师提供白色或黑色的胶带，代替线条，让幼儿在纸上贴出方格子图形）

师：为了降低难度，可以在纸上做好垂直线的起始点的标记符号。

（2）教师巡回指导，引导幼儿在纸上的任意位置贴出方形，可以穿插其中。

（3）教师引导幼儿在贴好的方格子里面涂色。

3. 自由创作

（1）教师展示特殊材料（胶带），指导幼儿在画纸上将胶带横竖贴出方形格子。

（2）用水粉颜料或者油画棒给格子上色，模仿蒙德里安作品风格创作格子画。

（3）幼儿上台启示自己的作品，师生交流，共同点评。

作品展示

图 4-26 和图 4-27 所示为小班幼儿的创意格子画作品。

图 4-26　创意格子画　方佳怡　4 岁　　　　图 4-27　创意格子画　林喵喵　4 岁

活动延伸

在活动区展示一些格子装饰画图片，便于幼儿对格子画的创作灵感的延展。

二、轮廓图形——哈林风格的人（中班）

设计意图

幼儿的天性决定了他们可以无拘无束地绘画，大胆的想象正是幼儿绘画的价值所在。

在美术活动中应鼓励幼儿随时、大胆地画出自己所想要表达的内容，发挥他们的想象力、记忆力。本活动设计中凯斯·哈林的作品的视觉风暴来自外化在城市墙壁上动态和运动之中不受约束的能量，人物造型是以简单线条连接成的，没有脸、手指、性别，主要题材包括狗、互相拥抱的人、金字塔，以及飞行物体。凯斯·哈林的绘画作品随时随地被构想出来，并且成为一种"无理的"、不受限制的能量。幼儿的天马行空的想法和不受限制的异想天开的想象力，正好与凯斯·哈林的画所表现的简单直接的艺术风格相符合。

活动目标

（1）认知目标：学会用轮廓画法创造出人物形象。

（2）情感目标：感受轮廓画法创造出的图形。

（3）技能目标：体会加之色彩强对比所创造的视觉感受。

活动准备

（1）经验准备：会用水粉调色、涂色，会用记号笔勾线。

（2）课堂用具：凯斯·哈林的作品 PPT、粉笔若干、水粉、黑色记号笔、水粉纸、铅笔。

活动重点

重点掌握斜线曲线等动态线组成的图形。

活动过程

1. 情境导入

（1）教师通过游戏导入课题。

在户外通过太阳照射在水泥地上形成影子，把幼儿分成两组，一组做奔跑、跳舞等各种身体特征明显的动作，在地上映出影子，可以是正面的、侧面的动作等，另一组用粉笔把地上的影子画出来。两组再交换角色过来画一画。

（2）引导幼儿观察。

师：你们在游戏的时候，身体都形成了什么样的线条？

（3）教师引导幼儿观察地上粉笔画的轮廓特征。带领幼儿回到美术活动室。

2. 理解体验

（1）教师和幼儿一起讨论影子游戏中的人物轮廓的特点。

（以简单的线条连接成，没有脸、手指、性别等）

（2）教师出示凯斯·哈林的作品 PPT，让幼儿欣赏，并引导幼儿思考轮廓画的特点。

师：美国有位大画家凯斯·哈林就用轮廓画法画出了很多著名的绘画作品，小朋友们
　　看看和我们用粉笔画的轮廓有什么不一样？

（3）幼儿回答，教师总结：

① 轮廓里和背景画面都涂了漂亮鲜艳的颜色；

② 轮廓线是黑色的；

③ 有些轮廓里还画了点和线段。

师：小朋友们观察得真仔细，那么让我们也来学学涂鸦大师哈林画画吧。

（4）教师示范，幼儿观察：

① 把从杂志上剪下的大大小小的人物放在画纸合适的位置上，用铅笔描画轮廓；

② 用水粉涂色；

③ 用黑色记号笔勾勒轮廓；

④ 用记号笔在背景上画出点或线，突出轮廓人物。

3. 自由创作

（1）分发材料，人手一份。

（2）幼儿开始绘画，教师巡回指导。

（3）让幼儿讲述自己的作品中轮廓人物在干什么，有什么故事发生。

作品展示

图 4-28 和图 4-29 所示为中班幼儿的哈林风格作品。

图 4-28　哈林风格的人　杨项凯　5 岁　　　图 4-29　哈林风格的人　钟子豪　5 岁

活动延伸

在活动区张贴凯斯·哈林的其他的作品,让幼儿观察还有什么可以用轮廓画法表现。

三、自由图形——寻找有趣的形(大班)

设计意图

在本活动设计中,引导幼儿通过欣赏米罗的作品,找出作品里面的各种好玩的图形。幼儿通过观察、联想,将已知经验转化为直观的图画,充分发挥想象力,利用随意自由的图形进行各种创意的联想,将不规则的图形利用自己手中的小画笔变成一幅幅生动的画面。活动中可以让幼儿进行作品交流,不仅幼儿的动手能力、想象能力得到了发展,语言表达能力也得到锻炼。教师应注意培养幼儿的创新意识和发明能力,维护幼儿的独特个性,并应当给予每一个幼儿足够的空间让其自由发挥。

活动目标

(1)认知目标:欣赏米罗的范画,通过随手在画纸上画出的闭合线组成的自由图形展开想象,发展幼儿的想象能力。

(2)情感目标:鼓励幼儿大胆表现、大胆创作,自主设计、组织画面,提高创造能力。

(3)技能目标:让幼儿体验造型乐趣并获得视觉感受,增强幼儿对图形设计的兴趣,培养设计思维。

活动准备

多媒体课件、背景音乐、范画、记号笔、中性笔、水彩笔、画纸。

活动重点

(1)掌握在随意呈现的自由图形上寻找有趣的图形进行联想的方法。
(2)幼儿通过添画表现自己想象的事物和画面。

活动过程

1. 情境导入

（1）教师讲故事引入课题。

师：西班牙有一位画家叫米罗，他特别喜欢牵着一根线条在画面上散步。他画了很多好玩的图形，你们想不想看看啊？

（2）教师播放米罗的作品幻灯片，如图4-30所示。

图4-30　米罗的作品

师：小朋友们，你们看到画里面有些什么东西？作品中用了什么样的线条？顺着画中的线走一走，它们是怎么变成图案的呢？

（画面中有小星星，彩色的点，眼睛，还有小手印）

（3）了解画家带着线条在纸上随意"散步"可以变成有趣的形状图案。

2. 理解体验

（1）激发幼儿的学习兴趣。

师：小朋友们，你们想不想牵着你们的小画笔去散步呢？

（2）教师示范引入步骤，如图4-31所示。

图4-31　教师示范步骤图

师：小朋友们，小画笔喜欢在画纸上跳华尔兹，教师拿起记号笔在画纸上表演。

师：它跳完后发现画纸上的线条组合出好多特别的形状，你们看看像什么？

师：它看到一个图形很像小鸟，于是就给这个图形加上眼睛和翅膀，添画成小鸟，它还请来水彩笔帮小鸟涂色；它看到有的图形样子像蜗牛，就给它添画触角变成一只可爱的蜗牛。可是，还有好多图形，小画笔不知道怎么画，我们来帮帮它吧。你们能不能找出图形里藏着什么形状？它们像什么呢？

（3）初次体验：请几个幼儿上台来尝试画一画，其他幼儿评价、给出建议。

3. 自由创作

（1）引导幼儿欣赏米罗的作品，扩展幼儿的思维；讨论这些画好看在哪里？为什么好看？

师：你看出这些图形像什么了吗？请你自己添画创作。

（2）幼儿作画，教师巡回指导。

首先，让幼儿在优美的音乐声中自由创作，同时了解幼儿的意图，启发幼儿大胆想象，鼓励其独特表现。其次，鼓励幼儿在纸上画出自由的线条，让线条自由缠绕、交叉或者旋转。最后，引导幼儿从线条中发现形状，并添画完成创作。教师总结画面的问题与要点，提议让幼儿带小画笔和自己一起画画。

师：你最喜欢哪一幅作品？可以告诉我吗？你为什么喜欢这幅画？（幼儿作答）

老师给予简单及鼓励性的评价。

作品展示

图 4-32 所示为尧都区幼儿园大班幼儿美术作品。

图 4-32　尧都区幼儿园　刘臻怿　6 岁

活动延伸

今天小朋友的想象力都很丰富，每幅作品都很棒，小画笔也说要谢谢大 × 班的小朋友，它说以后还要请你们帮忙出画展，你们愿意吗？那小朋友下课后还要动动脑筋，想想还可以和小画笔合作出什么样更有趣的画面来。

第四节　基于空间的创意

设计意图

空间的认知是幼儿认知发展的重要组成部分，良好的空间认知能力为幼儿的学习奠定了良好的基础。对空间关系的把握有利于发展幼儿的观察能力，促进孩子视觉的敏感性和准确性；空间方位感强有利于幼儿发展平面到立体空间转换的能力。因此帮助幼儿建立空间意识，充分调动右脑对空间的知觉是必不可少的过程。在美术教学过程中，教师应积极引导幼儿在具体操作中感知事物的大小、形状、方位等。因此在本活动的设计中，平面空间是引导幼儿学习画面中的上下左右空间方位关系；重叠空间的认识在于掌握画面中的前后空间位置关系；立体空间的学习在于感知在画面中三维空间，借助绘画和手工的结合让幼儿学习由平面到立体空间自由转换。

一、平面空间——音乐画（小班）

设计意图

音乐的节奏、韵律、音色等艺术元素与欣赏体验，在某种程度上与绘画的欣赏体验有相通之处。比如音色的丰富变化，明快的高低音节奏，都可以用色彩和点线面来表现。幼儿具有丰富的想象力，让幼儿边听音乐边绘画，不仅让幼儿感受用点、线、面、形来表现音乐在画面上的高低、轻重、缓急，而且可以培养幼儿的抽象思维能力。同时也能让幼儿将音乐的欣赏与体验通过画笔表现出色彩鲜明突出、空间感觉强烈的画面效果。

活动目标

（1）认知目标：听音乐画感受，认识空间方位。

（2）情感目标：通过音乐与绘画双重的艺术美感熏陶，更大程度地激活幼儿的艺术细胞，让他们淋漓尽致地发挥。

（3）技能目标：引导幼儿在表现音乐时加以想象创作抽象画。

活动准备

多媒体课件、三种不同风格的音乐、画纸、油画棒等。

活动重点

（1）能够大胆地表现对音乐的感受，认识空间方位。

（2）给幼儿充分的想象空间及发挥余地，培养幼儿抽象绘画的兴趣。

活动过程

1. 情境导入

教师谈话导入课题。

师：小朋友们喜欢听音乐吗？你们看，电脑上播放音乐时会出现一些线条、色彩，它们会随着音乐的起伏而变化。（多媒体播放音乐画面）

师：今天我们要把这美妙的音乐用画笔画出来，把听到的美妙感留在纸上。

2. 理解体验

（1）感受线条的魅力。

教师将幼儿分为几组，每组幼儿依次在黑板上画线条。要求：每个人画一种线条，全组不能重复。

教师对幼儿的线条展示（如图4-33所示）进行评价。

（2）感受色彩的魅力。

教师出示自己的作品，让幼儿猜猜自己是听了怎样的音乐完成这幅画的，是高兴的还是悲伤的？（幼儿思考）

师：听音乐，感受画面。

师：从色彩的明度、笔触去感受线条与色彩表达的情绪。

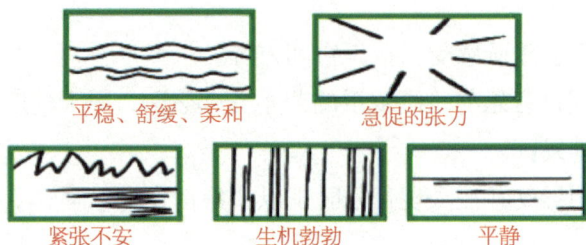

平稳、舒缓、柔和　　　急促的张力

紧张不安　　　生机勃勃　　　平静

图4-33　线条展示

（3）幼儿初次尝试画音乐。

师：听音乐，感受音乐旋律的优美与宁静。

师：尝试用线条与色彩来表现听音乐得到的感受。（让勇敢举手的几个幼儿上台来画）

请幼儿说说上台画画的同学用了什么颜色，哪些线条用来表现自己听到音乐的感受。（教师用画框将幼儿的作品框起来，变成一幅抽象作品）

（4）出示大师的作品——吴冠中的《紫藤》，引导幼儿感受点线色彩的作画魅力。欣赏并感受大师的作品（如图4-34和图4-35所示）的魅力。

图4-34　吉他曲　特罗斯勒　瑞士

图4-35　梦中的笛声　康定斯基　俄罗斯

（5）教师示范画作，让幼儿再次尝试画音乐的感受。

师：小朋友们，请大家听音乐，看老师是怎么用线条与色彩来表现音乐的节奏与情感的。

教师完成大块的色彩与线条，学生进行添画合作。教师小结。

3. 自由创作

（1）幼儿听音乐《铃儿响叮当》，感受节奏和情感。

（2）学生尝试创作，画出自己对音乐的感受。（有的幼儿想画自己印象中的音乐也可以）

作品展示

图 4-36 所示为北京新家园美术培训中心小班幼儿的音乐画作品。

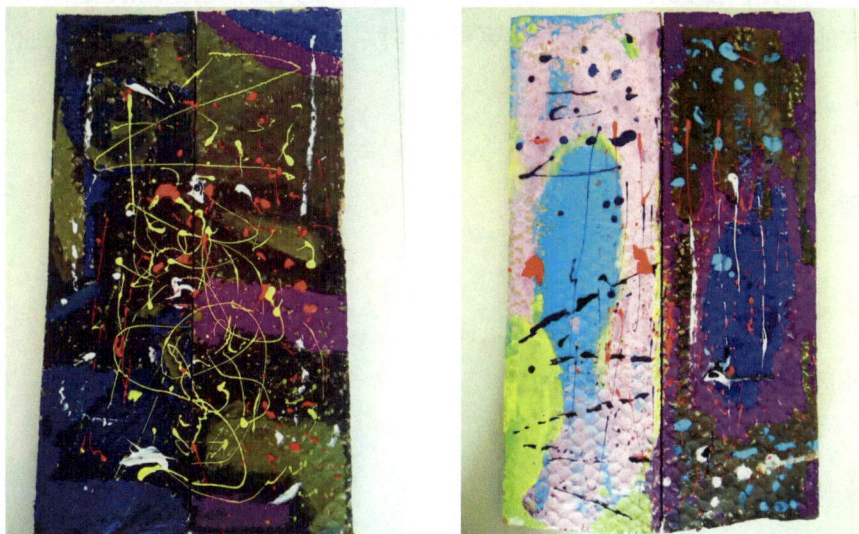

图 4-36　音乐画　北京新家园美术培训中心　4 岁　学生作品

活动延伸

根据有中文歌词的音乐画一幅音乐画，中文儿歌易于幼儿自己理解掌握。

二、重叠空间——一起来背太阳（中班）

设计意图

生活中的重叠现象无处不在，让幼儿学会观察，用心感受，体会不一样的精彩重叠效果，为丰富幼儿的绘画内容和形式提供最好的素材。

幼儿绘画时难以把握物体重叠时的遮挡关系，多数幼儿采用线条叠加的方法表现遮挡关系，最终会破坏画面整体的美感。活动设计通过了解重叠—欣赏重叠—表现重叠，循序渐进地帮幼儿找准重叠部位，通过轻松有趣的游戏活动和同伴用身体合作表现重叠，再用绘画的形式创造性地表现物体的遮挡关系。

活动目标

（1）认知目标：尝试运用重叠空间的方法安排画面。

（2）情感目标：在表现大家来背太阳的画面中体会人们相互之间友爱的情感。

（3）技能目标：学会重叠、遮挡关系绘画方法，体会近大远小、近粗远细的透视感。

活动准备

范例画、画纸、记号笔、中性笔。

活动重点

让幼儿运用重叠的方法表现空间感。

活动过程

1. 情境导入

（1）谈话导入。

师：小朋友们，你们知道每天清晨，太阳第一个起床工作，把阳光洒向大地。你们知道，太阳有几个吗？

师：嗯，太阳只有一个，太阳每天都早早起床上班，给大家带来光明，从来不偷懒。

（2）启发思考。

师：晚上太阳翻过山头，又跑到地球另一边。太阳一直不休息，它辛不辛苦啊？

师：如何才能缓解它的工作，让它歇一歇呢？

2. 理解体验

（1）教师讲解示范，边讲边画。（强调空间的重叠）

师：太阳公公年龄大了，走不动了，于是，地球上的朋友们商量怎么样帮帮它呢？楼房高又大，它说，我来背太阳吧！

（画上一幢楼房）

师：可是太阳那么大，一幢楼房背得动吗？于是两幢、三幢高楼一起来背太阳。（教师边说边画，并出现重叠现象）

师：咦，怎么这幢楼房造了一半？（幼儿思考）

师：哦！因为前面有人站着，后来的楼房就很有礼貌地站人家后面了。三幢房子一起背不动太阳，第四幢楼房来了。（教师示范）

（2）幼儿初次尝试重叠绘画。

师：第六幢、第七幢楼房也来了，它们站在哪儿呀？（请小朋友来画画）

（3）思路延展。

师：楼房们背着太阳走了一整天，被大树们看见了，大树说，第二天让我们来背吧！

（出示范画，如图4-37所示）

师：第三天，大山也来背太阳了。

（出示范画，如图4-38所示）

教师小结：太阳每天都要上班，小朋友们想想，谁还可以背太阳呢？把它们背太阳的样子画出来吧。

图4-37　大树背太阳

图4-38　大山背太阳

3. 自由创作

（1）幼儿想象作画，教师根据幼儿的创作进行指导。

师：太阳非常感谢大家，它把七彩的光芒洒向大地，使地球变得更美丽。我们来给画面上颜色、画装饰吧！

（2）展示所有作品，让幼儿讲述自己的作品故事，并互相评价。

作品展示

图4-39和图4-40所示为中班幼儿的美术作品。

图 4-39　一起来背太阳　马宇轩　5 岁

图 4-40　一起来背太阳　陈思菡　5 岁

活动延伸

在活动区投放积木、绘画纸笔等材料，鼓励幼儿上体育课时观察队伍的遮挡、重叠关系，用积木摆一摆，在纸上画一画。

三、立体空间——母与子（大班）

设计意图

立体空间想象能力是发散性思维的重要组成部分。从平面形象到立体空间形象的转化训练是培养幼儿空间想象力的关键。本活动设计在于通过添加手工技能让大班的幼儿感受画面空间立体感，学会用多种绘画工具和材料运用不同技法表现自己独特的思想和感受，体验立体空间感创作的乐趣，培养幼儿绘画由平面到立体的视觉空间感和想象力。

活动目标

（1）认知目标：通过欣赏立体感较强的图片和画作，探索画面空间立体感。

（2）情感目标：表现母与子的亲情感。

（3）技能目标：学习用折叠技法塑造画面立体感，表现自己独特的思想和感受，体验创作的乐趣。

活动准备

教师：立体感强烈的图片和画作 PPT、《母与子》成品范画、青蛙母子绘画制作分解步骤。

学生：记号笔、中性笔、水彩笔、白卡纸、绿卡纸、幼儿用高清立体空间参考图片。

活动重点

让幼儿掌握立体空间的表现方法。

活动过程

1. 情境导入

（1）教师引导幼儿欣赏立体图片和画作，观察画面立体感和真实感，思考和平时画的画有什么不同。

（2）幼儿交流、讨论。

教师总结：这些照片中的物体有立体真实感，画作的物体下面有深深的影子，物体就有了立体感了。

2. 理解体验

师：我们怎么用自己学过的技法创作出这样的立体画呢？

出示范画《母与子》——青蛙妈妈和小蝌蚪，让幼儿观察范画是怎么制作的。

教师一边用语言引导，一边在画纸上示范作画步骤：

师：先在白卡纸上用记号笔和中性笔画出俯视图，小池塘、小蝌蚪和荷花、荷叶。

师：用水彩笔上色；在绿卡纸上画出青蛙妈妈的俯视图，注意四肢要向四周伸开，用
　　水彩笔上色。

师：沿轮廓剪下青蛙妈妈，将四肢用正反折叠两折；将青蛙妈妈的四肢粘贴在画面合
　　适的位置。

师：按一按青蛙妈妈，会动，好像看到孩子很开心的样子。

师：很有意思是不是？老师这里还有鲤鱼母子、瓢虫母子、飞机母子（张贴范画让幼
　　儿参考）。

师：你们想不想在自己的画纸上画出自己认为的妈妈和孩子呢？那我们开始吧！

3. 自由创作

（1）将幼儿参考用图分发下去。幼儿根据参考图进行绘画。

（2）教师巡回指导，提醒幼儿注意事项，辅助个别幼儿剪贴折叠。

（3）建议幼儿也可画自己以前学过的小动物、昆虫、人物、植物或建筑和交通工具等俯视图。

师：我们怎么用自己学过的技法创作出这样的立体画呢？

将幼儿的画作放一排，让幼儿互相欣赏交流，讲讲自己的作品的故事，评评别人的画作哪几张画立体空间效果更好，母与子更具有亲情感，并说出理由。教师通过幼儿的交流与评价来了解幼儿是否学会了在画面中塑造立体空间效果的方法。

作品展示

图4-41所示为中班幼儿的立体画美术作品。

图4-41　母与子　学生作品　陈艺文　6岁

活动延伸

在活动区张贴展示不同造型的立体空间美术作品，拓展幼儿对立体空间美术的思维，并投放不同立体造型的材料，如立体折纸、卫生纸卷筒、鸡蛋壳、花盆、瓶子、黏土等，让幼儿随时即兴创作。

第五章 趣味引导

——幼儿美术活动的创意指导

第一节　情境故事——幼儿创造思维的拓展

情境故事，是幼儿美术活动的催化剂，也能调动幼儿作画的兴趣和激发幼儿创造的能力。教师在设计课程的时候，可以根据丰富有趣的故事创设情境，可促使幼儿在美术活动中获得持久的兴趣和充满灵性的创造。那么如何创设情境，依托故事拓展幼儿的创造思维能力呢？教师可以从幼儿们喜欢的绘本入手，选择符合他们生活经验和审美能力的绘本进行赏析。因绘本是以绘画为主、文字为辅、运用图画与文字共同叙述一个完整的故事情节，是一种图文并茂、相得益彰的图书表现形式。经典的绘本，以简练的主题、纯净的画风、趣味的语言等引起幼儿的共鸣，激发其创作的兴趣，也为幼儿美术活动打开了一个新的思路，对于提高幼儿的认知能力、审美能力、观察能力与表现力，促进幼儿的创造能力有重要的作用。

在教学中，教师可以采取以下方法：

（1）故事情境。每一个幼儿都喜欢听故事，优秀的绘本为幼儿"画故事"提供了源源不断的素材。小班的美术活动依托绘本故事，可以变得更加生动，有利于抓住爱幻想的幼儿的心灵，引导他们画出属于自己的故事画。

（2）迁移应用。每一本优秀经典的绘本，都会让幼儿置身于艺术的海洋，感受其背景用色、线条构图、色彩表达等传达的美的意境。幼儿在无形中耳濡目染，学会了形式语言。恰当的情境迁移能够让幼儿用他们自己的方式去表现美、创造美。

（3）借景创造。绘本具有故事性和情节性，幼儿美术活动可以借此景此情，引导幼儿进行续编或者依托绘本场景进行创作。比如《母鸡萝丝去散步》中，幼儿随着故事情节的发展，从狐狸的狼狈遭遇和母鸡每一次的化险为夷中，内心经历了从担心到喜悦的变化。依托此场景，教师提出了——狐狸还会发生什么事？幼儿根据自己的理解和生活经验，发挥天马行空的想象与创造力，根据特定的场景刺激把心中的话画出来。《好饿的毛毛虫》中，教师运用经典场景——贪吃的毛毛虫吃了好多食物，引导幼儿画出毛毛虫因吃不同食物而变形的身体。

总之，作为一种教学策略，依托绘本故事情境、经典的美术元素和好玩的创意思想，有助于丰富幼儿的内心体验，激发幼儿的创造能力。

一、故事情境——方格子老虎（小班）

设计意图

绘本《方格子老虎》讲述小老虎为了调和爸爸妈妈的矛盾，把自己的身体画成了方格子的故事。幼儿喜欢涂涂画画，教师如何在课堂上将机械的短线涂鸦活动变成一个好玩儿的情境故事画呢？小班幼儿的涂鸦活动如果单纯进行线条涂鸦，或者色彩涂抹，虽然能让幼儿锻炼眼手脑的协调能力，但缺乏了生动的内容。通过绘本故事的引入，幼儿在涂鸦活动中就有了情感的依托，并能联想到自己的生活经验，激发自己的想象力和创造力，在横线与竖线涂鸦的整个活动过程中掌握方格子的神奇魅力，从而感受到快乐和满足。

活动目标

（1）认知目标：让幼儿感知到虎爸虎妈的身上的条纹。
（2）情感目标：引导幼儿理解爸爸妈妈对自己的爱，感受一家人在一起的幸福。
（3）技能目标：能够横线、竖线进行交叉、联结，进行方形涂鸦。

活动准备

多媒体课件、方格子老虎绘本、老虎外形的图片每人一张、黑色记号笔、水粉颜料。

活动重点

重点引导幼儿运用横线与竖线交叉画出虎宝宝的方格子花纹。

活动过程

1. 情境导入

（1）绘本赏析，引入主题。

师：小朋友们，今天老师带大家一起欣赏绘本《方格子老虎》。（让幼儿再次熟悉绘本的故事情节）

（2）播放幻灯片（如图5-1和图5-2所示），选择场景——刚出生的小老虎。引导幼儿观察它与虎爸虎妈有什么不同。

师：小朋友们，这只虎宝宝身上没有条纹。虎爸和虎妈都想给虎宝宝身上画条纹，可是，虎爸喜欢竖条纹，虎妈喜欢横条纹，怎么办呢？

图 5-1　方格子老虎绘本（一）

图 5-2　方格子老虎绘本（二）

（3）教师组织幼儿讨论：虎爸和虎妈为此吵了起来，能不能想个办法让它们不吵架呢？幼儿与同伴交流分享。

小结　虎宝宝自己画出了虎爸喜欢的竖条纹、虎妈喜欢的横条纹，最后变成一只"方格子"老虎！

2. 理解体验

（1）引导幼儿感知故事的过程中，了解横线、竖线的方向与画法。

师：什么是横条纹呢？

教师示范，幼儿理解。教师在空中比画，横条纹在幼儿眼前，是水平方向的。教师比画竖条纹，在幼儿眼前是上下方向的。

（2）组织幼儿进行肢体活动，模仿老师。引导幼儿伸出手指在空中进行练习。

（3）教师启发幼儿：当横线和竖线相遇时，会变成什么情况？激发幼儿作画的欲望。

3. 自由创作，大胆作画

（1）教师发放材料。幼儿选择。可以先撕纸撕出小老虎的形状，再引导幼儿进行线条涂鸦。

（2）教师用语言提示：虎妈喜欢横条纹，小朋友们可以由左到右画横线。虎爸喜欢竖条纹，小朋友们可以由上到下画竖线。当两条线遇到一起的时候，画面上变成了什么形状呢？

（3）教师指导，与幼儿交流。

师：这个小朋友的线画得好长啊，爸爸妈妈一定有很多很多的爱。

师：谁能说说方格子的作用呢？

（回到绘本，引导幼儿欣赏绘本故事中的方格子的作用）

作品展示

图 5-3 所示为小班幼儿的方格子老虎美术作品。

图 5-3　方格子老虎　郑艺歆　3 岁

活动延伸

利用绘本《方格子老虎》的故事情节，不仅可以锻炼幼儿用手沿着边缘线撕纸的能力，还可以锻炼幼儿眼手脑的协调能力，在故事的引导下进行横线条和竖线条的涂鸦活动。延伸活动中也可以启发幼儿收集各种材料，如毛线、布条、软陶、黏土等制作方格子老虎，引导幼儿继续探索小老虎会用方格子与虎爸虎妈做什么游戏，以此为切入点设置情境，进行延伸教学。

二、迁移应用——小兔子的花裙子（中班）

设计意图

绘本《我的连衣裙》蕴含了丰富的美术资源，它以有韵律的图案和明亮的色彩为主旋律，增加了画面热闹的氛围，拓展了幼儿的想象空间。在对绘本的欣赏感受环节，教师应重点引导幼儿思考连衣裙的图案装饰的特点，并引导幼儿迁移生活经验，讨论不同场景下裙子的图案规律。裙子上的花纹随着小兔子所经历的环境的不同而有所变化。花纹可选择粉色和橙色的花朵图案、蓝色的雨滴图案、金色的麦穗图案等，有效拓展了孩子的思维广度。依托绘本，能够激发幼儿的生活体验，有效地摆脱幼儿不知道如何进行设计，不知道画什么而进行枯燥模仿的羁绊，以绘本为载体引发幼儿进行创造性的学习。绘本不失为幼儿美术活动的重要策略和创作资源。

活动目标

（1）认知目标：让幼儿运用想象力，创作有丰富图案的连衣裙。

（2）情感目标：引导结合自己的生活体验，理解绘本中的故事场景，体验创作的乐趣。

（3）技能目标：理解图案重复的节奏与规律，帮助小兔子设计花裙子。

活动准备

多媒体课件、《我的连衣裙》绘本、纸张及各种创作材料（如水粉颜料、印章、棉签、毛笔、纸筒等）。

活动重点

运用重复的方式设计不同图案的连衣裙。

活动过程

1. 情境导入

（1）绘本赏析，引入主题。

师：小朋友们，今天老师带大家一起欣赏绘本《我的连衣裙》。

师：一块雪白的布从天上飘下来，小兔子用它做了一件白裙子，穿上美美地出去玩了。那么小朋友们，我们看看，小白兔都经过哪些地方？白裙子有什么变化呢？

（2）播放幻灯片，如图5-4所示。引导幼儿观察小兔子去到哪里，裙子上的花纹有什么变化。

图 5-4　小兔子的连衣裙

师：小兔子走过花田，白裙子有什么变化呢？小兔子遇到了下雨的天气，白裙子又有什么神奇的变化呢？

（3）引导幼儿找出自己最喜欢的一个场景，观察白裙子有什么变化。

2. 理解体验

（1）重点分析小兔子的白裙子的图案变化与特点。

师：小兔子的裙子上面有好多好多的小鸟的形象，有什么样的特点呢？

（小鸟花样的连衣裙图案是一个方向一排排重复）

师：小雨滴花样的连衣裙有什么样的特点呢？

（雨滴和线条按一个方向重复）

师：星星和云朵花样的裙子有什么样的特点呢？

（星星和云朵图案是散点状的重复）

（2）帮助幼儿理解裙子上的各种图案按照规律排列的特点。教师进一步为幼儿提供简洁的、具有卡通图案的花布让幼儿欣赏。

师：请小朋友们仔细观察，下面的画面上画的是什么图案？如何排列的呢？（如图5-5所示）

图 5-5　卡通花布

引导幼儿观察，并与同伴交流。

（3）启发幼儿想象：小兔子又会去哪里？白裙子又会有什么变化呢？幼儿根据自己的喜好，回答并交流。

（幼儿的创造力是难以想象的，他们将自己的生活经验融入作品中，作品充满了奇思妙想）

3. 自由创作

（1）依据绘本场景，引导幼儿结合自己的生活经验，激发创作欲望。

师：你还想让小兔子去哪里？让它的白裙子发生什么神奇的变化？

幼：我想走到果林里，走到苹果树下，这样小兔子的白裙子上就有很多苹果啦。

（2）教师发放材料，幼儿自由创作。

（3）教师巡回指导。

作品展示

图 5-6 和图 5-7 所示为中班幼儿的小兔子的花裙子美术作品。

图 5-6　小兔子的花裙子　于鑫婷　5 岁　　　　图 5-7　小兔子的花裙子　陈思菡　5 岁

活动延伸

幼儿创作完成后，教师可以请每个幼儿讲一讲自己创编的故事，并尝试把每个故事串联起来，组成一个完整的故事。

三、借景发挥——贪吃的毛毛虫（大班）

设计意图

艾瑞·卡尔的绘本《好饿的毛毛虫》，借贪吃的毛毛虫形象以及毛毛虫蜕变成蝴蝶的故事，激发幼儿对毛毛虫成长过程的关注，引导幼儿体会生命成长的真谛。绘本故事情境和创意的装帧设计，为幼儿美术活动提供了一个创意的契机。毛毛虫夸张的造型与鲜艳的色彩极易吸引幼儿的注意力，由此引导幼儿理解毛毛虫的生长过程。由于幼儿绘画表达能力较弱，幼儿只需要在教师的引导下画出胖胖的毛毛虫的形象及它最想吃的食物即可，延伸活动可以重点引导幼儿运用不同的材料进行玩色和拼贴活动。

活动目标

（1）认知目标：让幼儿认识不同材料的质感，了解不同工具作画的视觉效果。

（2）情感目标：通过绘本欣赏，引导幼儿知道毛毛虫变成蝴蝶的成长过程。

（3）技能目标：能运用剪、贴、画等方式，制作毛毛虫的美食。

活动准备

多媒体课件、《好饿的毛毛虫》绘本、材料包。

活动重点

重点引导幼儿运用拼贴、涂或刷等方式制作毛毛虫的美食，发展幼儿的动手能力。

活动过程

1. 情境导入

（1）绘本赏析，引入主题。

师：小朋友们，今天老师带大家一起欣赏绘本《好饿的毛毛虫》。

（让幼儿再次熟悉绘本的故事情节）

（2）播放幻灯片，教师讲故事，幼儿倾听。

师：美丽的蝴蝶是谁变成的？

（毛毛虫）

师：毛毛虫小时候是什么模样？

（一个卵）

师：刚从卵里出来的毛毛虫是什么样子？

（又瘦又小）

师：它是怎么使自己变得又肥又大的？

（它吃了很多的食物）

（3）引导幼儿观察毛毛虫每天都吃了哪些食物。

师：毛毛虫吃了好多食物，还是没吃饱。它不停地吃，让自己不断地成长。

2. 理解体验

（1）引导幼儿认识毛毛虫，观察图片（如图5-8所示），想想毛毛虫有哪些特点。

图 5-8　毛毛虫

师：毛毛虫的身体是什么样子的？

（毛毛虫的身体长长的，一节一节地连在一起，爬行时弓起身子往前爬，身体上长着小脚，头上长着触角）

（2）引导幼儿重温故事情节，理解毛毛虫一周吃了哪些美食，帮助幼儿理解由一到五的数量变化。

师：请小朋友们观察图画（如图5-9所示），从星期一到星期五毛毛虫分别吃了什么？
　　吃了几个？

（周一它吃了一个苹果，可是还没有吃饱；周二吃了两个梨子，还没有吃饱；周三吃了三个李子，可是还是很饿；周四又吃了草莓，可是肚子还是好饿；周五吃了五个橘子，可是还是好饿）

师：为什么毛毛虫吃的每个水果上面都有一个小小的圆洞呢？

（原来一只不停喊饿的毛毛虫正从小圆洞里面爬出来呢。毛毛虫就是这样不停地吃啊，吃到最后变成一条硕大的毛毛虫）

图 5-9　毛毛虫的变化

小结　教师通过观察引导，让幼儿逐渐明白，从周一到周五，随着毛毛虫吃的食物数量的增加，从小圆洞里爬出来的毛毛虫一天比一天肥胖，后来变成一只巨大的毛毛虫。它就给自己造了一个房子"茧"，两周后，蜕变成蝴蝶的成长过程。

（3）引导幼儿思考：如果你是毛毛虫，星期一你想吃什么？星期二你想吃什么？星期三呢？

（幼儿与同伴交流，互动分享）

3. 自由创作

（1）老师言语引导。

师：今天，让我们来画一只贪吃的胖歪歪的毛毛虫，好不好？

师：毛毛虫的身体有几节？想象一下，把它们每天吃的食物都画进去，它们的肚子有什么变化？

（2）教师发放材料。

（3）幼儿自由创作，教师巡回指导。

作品展示

图 5-10 和图 5-11 所示为大班幼儿的毛毛虫美术作品。

图 5-10　毛毛虫　方奕凡　6 岁　　　　图 5-11　毛毛虫　张金铭　6 岁

活动延伸

当教师引导幼儿画出胖胖的毛毛虫的时候，接下来教师可以引导幼儿关注毛毛虫蜕变成蝴蝶的场景，引导幼儿画《毛毛虫变蝴蝶》，尝试用不同的材料表现蝴蝶的美丽，用拼贴或者拓印的方式，创作幼儿脑海中蝴蝶的形象。

第二节　全程游戏——注重幼儿体验式学习

《3–6岁儿童学习与发展指南》指出："游戏是幼儿极有意义的学习过程和学习方式，幼儿自己的生活是学习最重要的途径。"整个幼儿时期，儿童都存在一种游戏心理，在他们看来，生活就是游戏，好玩先于有价值的学习。在美术活动中应尊重幼儿的游戏心理，创设游戏环节。因此在教学过程中贯穿以游戏引发幼儿创作的兴趣和表达的欲望，称为全程游戏教学法。

学前幼儿美术活动特点之一，在于教师要充分认识到他们往往对作品的结果呈现不是很感兴趣，而是享受创作的过程。幼儿把绘画活动当作游戏，画笔、颜料和纸张等创作材料就是他们的"玩具"。在创作的过程中，幼儿一方面会因造型和色彩的变化而感到满足；另一方面会因这个变化的过程和结果而体验到成功的自信，并由此对美术活动产生兴趣。

如何将幼儿美术活动变成他们喜欢的游戏呢？教师需要将教学过程设计为一个游戏，让幼儿的绘画过程始终伴随着游戏。具体在美术活动各个环节应做如下工作：

（1）在导入环境中设置游戏情境。

（2）活动过程中加入游戏以帮助幼儿理解所学内容。

（3）在使用媒材上设置游戏等。最终目的是让幼儿轻松、快乐、有趣地完成活动目标。

（4）评价方式上游戏化，让幼儿自己扮演画中角色，介绍自己的画作。

小班幼儿的美术活动主要采取"涂鸦游戏"、"线条游戏"与"调色游戏"，这些活动设计都将幼儿绘画过程与游戏融为一体。中班和大班幼儿可开展情境游戏或者是故事游戏。

将游戏融入美术活动中，使得幼儿每次作画都是一个全新的有趣的艺术体验——好像在玩耍，又好像在探险、旅行，充满了惊奇。这样的状态下，通过游戏让他们感受美、创造美，让他们沉浸其中，使身心得以充分释放，自我得以表现。

一、调色游戏——小黄和小蓝（小班）

设计意图

李奥尼的绘本《小蓝和小黄》主要讲述了小蓝和小黄是一对好朋友，一起游戏一起上课最后融合在一起变成小绿的故事。绘本运用拟人的手法赋予颜色个性和特点，符合幼儿的生活经验与认知能力，有助于幼儿理解黄色和蓝色的融合及变成绿色的调色过程，为幼儿调色游戏提供故事背景。本活动设计在于抓住主要问题，凸显主题场景——小蓝和小黄相遇后，发生了什么事？这种开放性提问方式，能激发幼儿的发散思维能力，并激发幼儿的好奇心以及调色过程中的关注力，让幼儿通过颜料的调色游戏和玩色操作，了解色彩互相调和产生的效果。

活动目标

（1）认知目标：让幼儿知道蓝和黄在一起变成绿色。

（2）情感目标：想象和表述家人朋友在一起的爱意。

（3）技能目标：享受调色的游戏，能够运用水粉颜料进行自由调和。

活动准备

多媒体课件、《小蓝和小黄》绘本、水粉颜料、水粉纸。

活动重点

重点引导幼儿进行涂色游戏。

活动过程

1. 情境导入

（1）绘本赏析，引入主题。

师：今天我们这儿来了一个"小朋友"小蓝，他有一个好朋友叫小黄。小黄就住在小蓝家旁边。他们俩经常一起玩，一起吃饭，一起上学。

（2）播放幻灯片（如图5-12所示），引导幼儿问候小黄和小蓝。

师：这是小蓝。这是小蓝一家，这是小黄一家。我们一起去他们家里看看都有谁。

教师引导幼儿发言。

师：哪个是爸爸，哪个是妈妈，为什么？

教师拿出实物，打乱水粉颜料的排放顺序，或者十二色相环，引导幼儿找找。

师：小黄一家和小蓝一家，是不是比邻而居呢？

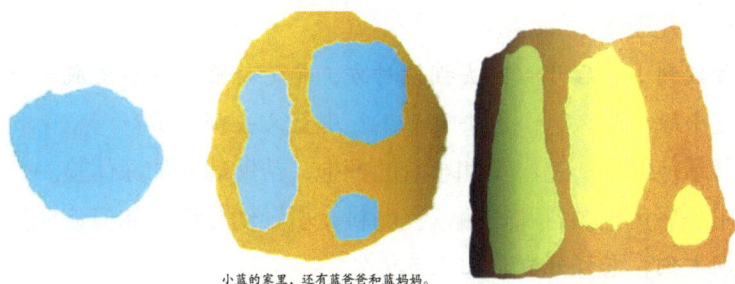

小蓝的家里，还有蓝爸爸和蓝妈妈。

图 5-12　《小蓝和小黄》绘本

（3）引导幼儿继续观察图片（如图 5-13 所示）。

师：小黄和小蓝经常在一起玩什么游戏呢？

教师不再用语言描述，而是让幼儿自己观察图片，进行想象并回答。

图 5-13　小黄和小蓝做游戏

幼儿互相交流：小蓝和小黄在捉迷藏。有的幼儿说，小黄在幼儿园，小蓝在家给他打电话呢。有的幼儿说，小黄和小蓝手拉手在转圈呢，他们玩得真开心。

2. 理解体验

（1）引入特定场景——小黄和小蓝拥抱在一起，发生了什么事？（如图 5-14 所示）

图 5-14　小黄和小蓝的拥抱

教师引导幼儿观察。

师：小黄找到小蓝后开心地去拥抱对方，越抱越紧，最后变成一个人了。他是谁？

师：他是小绿。那么，小黄去哪里了？小蓝又去哪里了？

（2）教师示范演示一遍小黄和小蓝的拥抱，帮助幼儿加深体验。

教师拿出一瓶黄色颜料和一瓶蓝色颜料，引导幼儿思考如何让他们出来玩。

师：小朋友们，怎样让它们出来玩呢？

（小黄住在黄色的颜料瓶里面，小蓝住在蓝色的颜料瓶里面，将他们从瓶子里面挤出来，放在调色盘上，他们就出来玩啦）

师：当他们两个在调色盘上相遇，发生了什么事情？

（黄色和蓝色都不见了，调色盘上变成了绿色）

（3）幼儿与同伴交流：绿色是从哪里来的？

3. 幼儿操作——调色游戏

（1）发放材料，给幼儿穿上围裙。

（2）鼓励幼儿大胆调色，并观察颜色的变化。

（3）引导幼儿欣赏黄和蓝颜色混合后产生的效果，并引导幼儿发挥想象力，看看小黄和小蓝拥抱后产生的变化。

作品展示

图 5-15 所示为小班幼儿的小黄和小蓝美术作品。

图 5-15　小黄和小蓝　郑艺歆　3 岁

活动延伸

当幼儿运用黄和蓝调和出绿色后，教师可以引导幼儿让小蓝也拥抱一下其他的朋友，如小红,让幼儿尝试其他颜色的调和游戏。

二、情境游戏——一场彩色雨(中班)

设计意图

本活动设计中,《一场彩色雨》是教师依托《七彩下雨天》故事情境,让幼儿在角色体验中获得真实的内心感受,引导幼儿创作属于自己的作品。鼓励幼儿运用油水分离方法,让幼儿玩装有彩色墨水的瓶子,让幼儿沉浸在挤玩墨水瓶的快乐中,惊奇于墨水滴流的变化,感受作品色彩自然流淌的美感,同时滴流的颜料越过油画棒涂抹的物体上,形成自然的分离。本活动设计让幼儿在创作中始终充满惊奇感,以游戏为载体贯穿创作始终。

活动目标

(1)认知目标:欣赏不同色彩的调和产生的神奇效果。

(2)情感目标:激发幼儿表现雨天的场景,发展其发散思维能力。

(3)技能目标:运用油水分离方法表现彩色雨点下的人物。

活动准备

多媒体课件、《七彩下雨天》绘本、水粉颜料、油画棒、盘子、水粉笔。

活动重点

重点引导幼儿运用游戏方法表现彩色的雨点。

活动过程

1. 情境导入

(1)故事引入。

师:在一个灰蒙蒙的天气,有一个小女孩坐在窗前,她看着天上落下的雨,想象着它们的颜色、形状和味道。

师:小女孩趴在窗前,开始了幻想。

师:她想尝尝不同颜色的雨的味道呢。

（2）选择典型的场景，如图 5-16 和图 5-17 所示。

图 5-16　红色的雨　　　　　　图 5-17　青色的雨

师：红色鸡皮疙瘩的雨让人尖叫，橙色的果汁雨如此美味，黄色的蝴蝶雨翩翩起舞，
　　绿色的树叶雨让大地回春，青色的海水雨让鲸鱼吃惊，蓝色的雨充满外婆的气
　　息，紫色的葡萄雨让人口水酸酸的……

2. 理解体验

（1）想象一下，如果你是那个小女孩，当红色的雨下来了，你会有什么感觉？

师：这时候天上又下了什么颜色雨？有什么特别的地方？

（哇！雨滴里面有橙子，雨水就会变成了橙汁）

师：如果天上下起了黄色雨，又会是怎样的呢？

（空中飞来了很多蝴蝶，这些美丽的蝴蝶在空中欢快地跳舞呢）

（2）情境游戏模仿——不同滋味的雨。

师：请七个小朋友，分别代表不同的颜色，进行游戏。

师：当下起红色雨，表演红色雨的小朋友伸舌头。当下起黄色雨，表演黄色雨的小朋
　　友表演翩翩飞舞的样子。这么多美丽的花蝴蝶在跳舞呢？请你们飞到自己的座位
　　上吧！

（3）引发联想——幼儿记忆里的雨。

师：天上下来红色的、橙色的、黄色的雨，接下来又会下什么颜色的雨呢？

师：你们觉得下什么颜色的雨，会让这个世界更加美丽？

3. 自由创作，进行玩色游戏

（1）教师根据场景，对幼儿提出创作要求。

师：小朋友们，如果给你一次机会，你想下一场怎样的雨呢？请小朋友们开动脑筋想
　　一想，可以和旁边的小朋友讨论。

（2）发放材料，教师用语言提示注意事项。

教师介绍作画工具，请幼儿先用蜡笔作画，然后涂上背景色。

教师先用蜡笔在纸上作画，当下起蓝色雨的时候，雨水落到用蜡笔绘画过的地方就会自然地显现出来而不会被雨水覆盖。

（3）幼儿调色，体验彩色颜料喷洒在纸上的神奇效果。

作品展示

图 5-18 和图 5-19 所示为中班幼儿的美术作品。

图 5-18　棒棒糖雨　王思甜　5 岁　　　　图 5-19　花瓣雨　溪溪　5 岁

活动延伸

绘本情境为幼儿的想象力打开了闸门，幼儿会把这些美丽的色彩想象成什么呢？引导幼儿根据自己的生活经验，画出自己想象中的开心事情吧。延伸活动可采用添画《雨天的开心事》，让幼儿感受彩色雨天的美好与情趣。

三、故事游戏——小蜘蛛织网（大班）

设计意图

《小蜘蛛织网》是训练大班幼儿运用织网的方式来组织线条的能力。教师邀请幼儿帮忙设计漂亮的蜘蛛网，鼓励幼儿像小蜘蛛一样能干，专心织网，深得幼儿们的喜爱。当幼儿掌握织网的方法后，教师可以提供多种材料供幼儿选择。比如让幼儿用黏土织一张彩色的网，或提供瓦楞纸、纸盘、勾线笔、棉签等，还可以用刮画纸等材料让幼儿自由表现。

活动目标

（1）认知目标：能够合理进行构图，并用线条画出蜘蛛网。

（2）情感目标：激发幼儿学习蜘蛛不畏艰难、认真勤劳的品行。

（3）技能目标：能够运用不同的线条进行组合创作。

活动准备

多媒体课件、《啊，蜘蛛！》绘本、超轻黏土、彩笔、记号笔、黑色卡纸、素描纸。

活动重点

重点引导幼儿运用不同的线条交叉组合织网。

活动过程

1. 情境导入

（1）绘本导入。

出示绘本《啊，蜘蛛！》，教师带领学生回顾。

师：这是一只很特别的小蜘蛛。它有哪些特别之处呢？我们去书里找找原因吧。

师：小蜘蛛家的宠物有哪些呢？

（引导幼儿思考，加深对绘本故事情节的理解，激发幼儿的兴趣）

幼：宠物有小猫、小狗。

师：小蜘蛛也想让自己成为家人的宠物，可是家人看见他都让他出去。

师：小蜘蛛怎样做，才能赢得家人的宠爱呢？

幼：小蜘蛛去织网，专心做好自己的事情。

（3）选择特定场景——小蜘蛛织网，让幼儿观察。

借助绘本（如图 5-20 所示），引导幼儿观察，并让幼儿掌握画面构图。

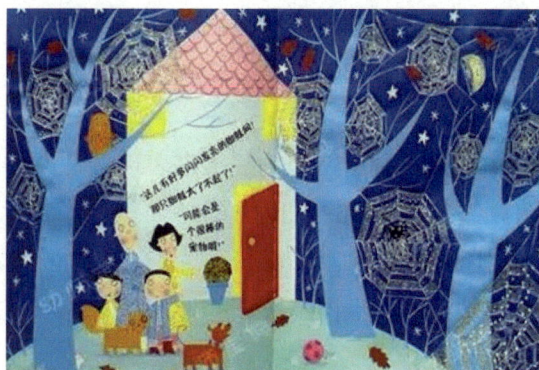

图 5-20 《啊，蜘蛛！》绘本

师：小蜘蛛在房子外边的树枝上，认真努力地织了很多网。大家出来都非常吃惊，称赞小蜘蛛。于是，小蜘蛛得到家人的认可和宠爱。

师：小蜘蛛吐的丝是怎样的？小蜘蛛怎样用吐出的丝织网呢？

教师播放幻灯片，引导幼儿观察场景，并徒手学小蜘蛛织网。

师：如果你是小蜘蛛，你会吐出什么样的丝呢？

（3）引导幼儿模仿画出蜘蛛织网吐丝的形态，引导幼儿运用弧线、波浪线、曲线等，将线条首尾相连成圆形，一圈圈用线条代替丝来织网。

2. 理解体验

（1）教师引导幼儿，学着小蜘蛛的样子来织网。请幼儿给蜘蛛设计一张更漂亮的网。

教师展示蜘蛛网的效果图（如图 5-21 所示），帮助幼儿学会织网的方法

师：这张网和蜘蛛刚才织的网有什么不同？找一找，你觉得这个网是怎么织成的呢？

（让幼儿找一找，比一比，观察线条的组合与变换，为幼儿下一个环节的创作提供帮助）

图 5-21 蜘蛛网的效果图

（2）教师鼓励幼儿像小蜘蛛一样能干，专心织网，织出自己喜欢的网。

3. 自由创作

（1）提供两种不同的材料。一种用黏土的线条来表现蜘蛛网，降低幼儿设计蜘蛛网的难度；另一种运用记号笔画线条来表现蜘蛛网。

（2）让幼儿根据兴趣自己选择材料。

（3）织网完成后，引导幼儿用黏土捏出蜘蛛的形状。

作品展示

图 5-22 和图 5-23 所示为大班幼儿小蜘蛛织网美术作品。

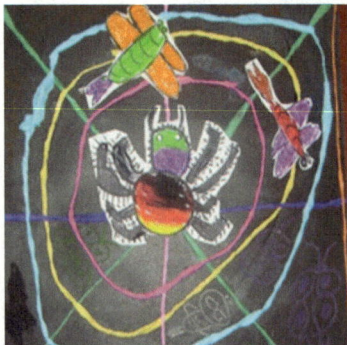

图 5-22　小蜘蛛织网　陈思菡　6 岁　　　　图 5-23　小蜘蛛织网　方家怡　6 岁

活动延伸

通过《小蜘蛛织网》这个活动促使幼儿积累了线描画的经验。教师可以进一步提供瓦楞纸、彩笔、勾线笔、棉签等拓展形式，让幼儿创作出更多新奇的蜘蛛网。

第三节　借形想象——幼儿想象能力的培养

幼儿想象力的培养，是发展幼儿智力与个性的一个重要部分。从心理学的角度来分析，想象就是人脑对已有的表象进行加工改造而成的新形象的过程。想象，就是一个再创造的过程。在幼儿美术活动中，教师主要通过借形想象教学策略来拓展和提升幼儿的想象能力。借形想象，就是给幼儿无穷尽的想象提供一个媒介，一个场景，或者一个支点。

教师可以通过以下几种方式，激发幼儿的想象，带领他们进行自由的创作。

（1）符号联想。幼儿生活和学习中常见的简易汉字、英文字母及数字等常见的字符，这些抽象的符号在幼儿眼中却能激发他们想象的乐趣。神奇的数字符号在幼儿的眼中，总能与他们见到过的物体发生关联。

（2）借物想象。幼儿的想象天马行空，教师要保护和发展幼儿的自由想象能力。生活中的一件物体、自然中的一片云彩、校园里的一处风景等都可以成为幼儿想象的支点。一个东西，幼儿可以把它正着看、反着看、放大看、上看看、下看看等，会有不同的效果，使幼儿产生许多的联想。比如《瓦罐的联想》这个活动，幼儿们把瓦罐放大来看像一座大房子，缩小来看像一个热气球可以飞到天上，放到海里又像一艘潜水艇。幼儿以实物为媒介，可以创造出许多新奇的绘画形象。

（3）借形联想。绘本中的形无处不在。自由散步的萝丝、贪吃的毛毛虫等，教师可以借助这些形来为幼儿的无尽想象力提供创作的支点。比如绘本《点》《晚安，月亮》《大脚丫》等，借助这些反复出现的经典形象来拓展和提升幼儿的创造能力。

一、符号联想——神奇的数字画（小班）

设计意图

神奇的数字画以"2"为符号，进行联想添加。幼儿不约而同地画了小鸟，每个小鸟的神态非常独特，幼儿表现了"大嘴巴"的鸟儿，还有"展翅欲飞"的鸟儿，画得非常开心。教师借助幼儿熟悉的数字符号，激发幼儿的创作欲望，通过对数字的大胆添加与巧妙变形，为幼儿的创造想象提供支撑，也让幼儿的美术活动变得趣味盎然。

活动目标

（1）认知目标：引导幼儿根据数字符号进行描画，并想象添画。

（2）情感目标：激发幼儿对数字符号的兴趣，激发其创作欲望。

（3）技能目标：让幼儿观察数字的特点，并具备初步的添加与变形的能力。

活动准备

多媒体课件、数字卡片、印有数字符号的素描纸、彩笔、彩泥等。

活动重点

重点引导幼儿借数字"2"的形状的进行想象绘画。

活动过程

1. 情境导入

（1）儿歌导入。

1像铅笔细高挑，2像小鸭水上漂，3像耳朵听声音，4像小旗迎风飘，5像秤钩来称菜，6像哨子吹口哨，7像镰刀割青草，8像麻花拧一遭，9像勺子来盛饭，0像鸡蛋做蛋糕。

（2）播放幻灯片，引导幼儿观察不同方位的数字，并与同伴互动交流分享感受。

2. 理解体验

（1）教师拿出数字符号图，如图5-24所示。

师：看看你们认识谁，仔细观察，它们像什么呢？

图5-24　数字符号图

（2）提问幼儿"2"字像什么。

师：2字宝宝是不是像小朋友一样，比较好动，喜欢吃好东西，爱玩。请小朋友们想象下，2字宝宝站起来像什么？躺下来像什么？斜着像什么？

（3）引导幼儿多角度观察数字符号，然后转动数字符号，让幼儿看看它们又像什么。

师：谁来当魔术师，把它们变一变？

师：小小魔术师，把1变成了……，真开心。

师：请小朋友们画一个你最喜欢的数字，然后进行添加变形吧。

3. 自由创作，教师巡视

（1）请幼儿当魔术师，教师发放印有数字符号的素描纸，让幼儿自己挑喜欢的数字，发展自己的想象力并进行添画。

（2）教师巡回指导，让幼儿边画边讲。

🎨 **作品展示**

图 5-25 和图 5-26 所示为小班幼儿的神奇的数字画美术作品。

图 5-25　神奇的数字画　曹宇彤　4 岁

图 5-26　神奇的数字画　小鸟　代智轩　4 岁

✏️ **活动延伸**

教师可以继续引导幼儿对其他数字或者组合的数字进行联想，激发孩子创作的欲望，比如 5 和 1 的组合，或者 4 和 0 的组合等，让幼儿将抽象的数字化为具体的形象符号进行创作。

二、借物联想——瓦罐的联想（中班）

🖼️ **设计意图**

《瓦罐的联想》是借助实物"瓦罐"给幼儿的想象提供一个支点。本活动设计主要依靠"借物联想"与"景物切换"等方法，以瓦罐所处环境的变化，瓦罐的结构、功能等特点，来拓展幼儿的想象能力。

🎨 **活动目标**

（1）认知目标：让幼儿了解瓦罐的形状、组成部分。

（2）情感目标：从瓦罐的色彩、形状、功能、运用场所等方面激发幼儿的想象力。

（3）技能目标：运用实物瓦罐的形状进行想象，创编绘画。

活动准备

多媒体课件、瓦罐、水彩笔、素描纸、各种瓦罐图片。

活动重点

重点引导幼儿借瓦罐的形状进行想象绘画。

活动过程

1. 情境导入

（1）播放音乐，玩猜一猜的游戏。

教师出示被布遮挡的瓦罐，敲打它，让幼儿听一听，或让闭着眼睛摸一摸瓦罐的质感与外形。

师：谁能猜出这是什么？怎么猜出来的？

（幼儿回答，瓶子，笔筒，罐子……听声音是空的，摸一摸罐子上有凹凸的花纹，凉凉的，有大肚子……）

（2）播放幻灯片（如图5-27所示），带领幼儿欣赏不同瓦罐的造型特点。

师：这些罐子形状一样吗？哪儿有不同？

图 5-27　陶罐

（幼儿回答，这个罐子是长脖子的，这个瓦罐有大耳朵，这个瓦罐张大口，这个有大肚子……）

2. 理解体验

（1）教师带领幼儿近距离观察瓦罐，并用手触摸。引导幼儿从不同的方向和角度观察瓦罐，把瓦罐倒着放、横着放，激发幼儿的想象力。

师：小朋友们想一想，这些瓦罐可以怎么放呢？它们又像什么呢？

（幼儿回答，倒着放，横着放。横着放变成了帽子、大铃铛、蘑菇房子，横着放像大炮、排水口、火车车厢……）

师：现在，你们还有什么方法把它变一变吗？能变成什么？

（2）教师播放幻灯片，出示不同场景下瓦罐的活动，引导幼儿想象带领瓦罐去不同的地方旅行。

师：瓦罐飞到天空中，看它变成了什么……瓦罐来到森林中，看它变成了什么……

师：瓦罐来到大海里，看它又变成了什么……瓦罐来到公路上，看它又变成了什么……

（幼儿回答，在蓝天上，它变成了热气球、火箭、一只大鸟，在大海里它变成了一艘航船、大鲨鱼、潜水艇、氧气罐……）

（3）引导幼儿根据自己对瓦罐的想象，画出自己的故事。

3. 自由创作

（1）发放材料，组织幼儿进行创作。
（2）教师根据幼儿画出的瓦罐的形状，添加所处的环境。
（3）教师巡回指导。

作品展示

图 5-28 和图 5-29 所示为中班幼儿的美术作品。

图 5-28　瓦罐火车　李伟山　5 岁

图 5-29　瓦罐氢气球　邓思钦　5 岁

活动延伸

每个幼儿画出的作品都展现了他心中的所思所想，如《瓦罐火车》《瓦罐氢气球》等作品。让每个幼儿讲述自己的故事，并与同伴交流分享，这样不仅可以丰富幼儿作画的内容，也能锻炼幼儿的语言表达能力。

三、借形联想——小脚丫变形记（大班）

设计意图

借形创编主要激发幼儿的创造思维能力，引导幼儿从新的角度去突破和思考。绘本《小脚丫》以形象生动的语言，讲述了小脚丫到处旅行，十个脚趾头一会儿变成台阶，一会儿变成石拱桥的故事。本次美术活动的切入点是以"脚丫"的形状和排列规律，引导幼儿观察生活中与此形象类似的事物，启发幼儿的思维和发挥幼儿的想象力，让幼儿借助"小脚丫变形记"美术活动，促进认知与关联的思维整合能力的提升。

活动目标

（1）认知目标：让幼儿认知脚丫的形状，了解脚的构成。
（2）情感目标：欣赏绘本，感受绘本内容，拓展幼儿的思维能力。
（3）技能目标：运用脚丫的形状进行想象，创编绘画。

活动准备

多媒体课件、《小脚丫》绘本、刮画纸、水粉纸。

活动重点

重点引导幼儿借"小脚丫"形状进行想象绘画。

活动过程

1. 情境导入

（1）播放音乐《小脚丫哪里去了》，引入绘本《小脚丫》。教师引导幼儿，找找自己的小脚哪去了，然后动一动小脚丫。

组织幼儿将鞋子、袜子脱掉，让幼儿看看他们自己的小脚长什么样子。

鼓励幼儿与同伴交流，彼此观察比较，看看自己的脚丫与别人的脚丫有什么不同。

师：小脚丫有什么功能呢？

（小脚丫能带领我们走天下）

（2）播放幻灯片，带领幼儿赏析绘本《小脚丫》，如图5-30所示。

师：今天老师带来一本有趣的书，请小朋友们观看封面，猜猜画的是什么。

（小脚丫）

师：这本书的名字就叫《小脚丫》，对了，你们看看它像什么呢？

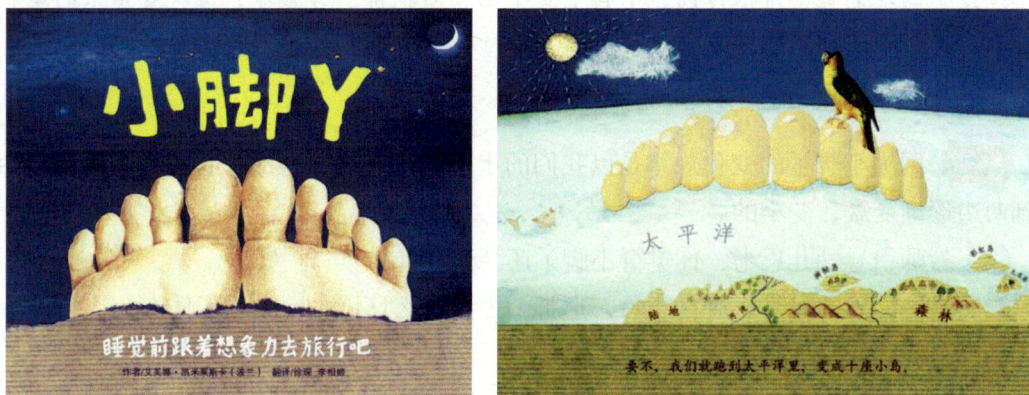

图 5-30　《小脚丫》绘本

2. 理解体验

（1）教师讲解故事，幼儿欣赏。

师：脚趾头不想睡觉，它会去哪里呢？干什么呢？

（幼儿可以很好地发挥想象力，开动小脑筋，为接下来小脚丫的旅行做铺垫）

（2）教师带领幼儿观察：小脚丫去哪里了？脚趾头变成什么了，有什么变化呢？

师：故事中的小脚丫变成什么了？（如图5-31和图5-32所示）。

（十座小岛、一座石拱桥、十座宫殿……）

图 5-31　小脚丫变的石拱桥

图 5-32　小脚丫变的宫殿

（3）教师引导幼儿思考：小脚丫的变化有什么规律？

师：小朋友们观察得很仔细，小脚丫变小岛、石拱桥、宫殿等，每次变出来的事物都是由中间到两边逐渐变矮、变小。

师：为什么要按照这样的规律来排列呢？

小结　因为小脚丫的变化规律是以我们的十个脚趾头为原型的，我们的脚丫就是由中间到两边逐渐变矮、变小的。

（4）教师引导幼儿思考：你觉得小脚丫还会变成什么？

启发幼儿的发散思维，进行想象，小脚丫去到什么环境中？变成了什么？

幼儿与同伴交流、讨论。

3. 自由创作

（1）教师提供材料，幼儿选择自己感兴趣的材料进行作画。

（2）引导幼儿先以简单的线画方式绘制场景和形状，然后选择相应的颜色进行创作。

作品展示

图 5-33 和图 5-34 所示为大班幼儿的小脚丫变形记美术作品。

图 5-33　小脚丫变形记　方宇航　6 岁

图 5-34　小脚丫变形记　钟子豪　6 岁

延伸活动《晚安，月亮》是以不同的动物在夜间观看月亮，误以为是自己爱吃的食物，把月亮想象成香蕉、松子、奶酪、树叶等，通过"月亮"这一弯弯的形状，打开幼儿想象的源泉，启发幼儿创作灵感的美术活动。

第四节　合理示范——幼儿美术技法的指导

在幼儿园美术活动的指导中，长期以来的观念认为幼儿学画就是照着范例画，只要画得好和像就是好画的观念，已经造成幼儿绘画发展能力受阻。因此很多幼儿教师困惑，如果不用示范，那么当幼儿遇到技法上的问题该怎么解决呢？其实，当我们换一个角度看待示范一词的内涵时，就能合理地把握示范的度。如果传统意义上的示范指教师提供范本，学生模仿学习的单向维度的狭义内涵，那么现代教学语境中"示范"就取广义之内涵，它是教师有目的地结合体验式学习、观赏式领悟、表演性示范等多种方式帮助幼儿掌握必要的技能。它主要包括方法示范、动作示范和写生示范等。从这个意义上来引导幼儿进行美术创作，就能有效地促进幼儿创新思维能力的发展。

（一）方法示范

方法示范主要包括学习经典作品的创意与创作方法。当范例和范画不再作为模仿的工具而是作为作品供幼儿欣赏、体验与创造时，它仍然可以在幼儿绘画教学中产生积极的作用。现当代幼儿美术教学中，利用传统大师经典的范画作品，可以让幼儿学习并理解大师的艺术，从而表达自我的体验与思考。在引入大师经典的作品的时候，教师可以引导幼儿关注和研究艺术大师的观念、风格、精神和创造手法，再通过翔实的示范步骤图和作品照片，直观地介绍不同的主题、不同门类的艺术作品创造过程和方法，这就是一个从直接的视觉感受到对符号和背景进行思考的过程，同时也拓展了幼儿的艺术审美经验。这些方法的传授与幼儿自我的审美体验和反思相结合，就会给幼儿带来创造的兴奋感。比如课例《玩摄影胶片——不用画笔也能画》让幼儿理解安迪沃霍尔的创作理念和方法，认识到重复与复制也可以成为一种创作方法。

方法示范还包括传统水墨用笔、用色等作画技巧的演示。当幼儿作画涉及技法性的东西时，仅仅靠语言讲解和启发是很难让他们理解的。比如幼儿画彩墨画的时候，涉及中锋用笔，画水彩的时候涉及如何把握水分及作画步骤等，都是语言讲解与启发很难达到的效果。教师需要边讲边示范，并在毛笔行笔的过程中运用"弯弯腰""擦擦地"等拟人化的语言才能让幼儿懂得压笔涂色的方法。教师通过这样的引导，激发幼儿思考新的表现方法和手段，这样的示范不会约束幼儿的自由创造力，反而会扩大幼儿的艺术视野，给幼儿提供独自思考的机会。

（二）动作示范

动作示范就是教师通过引导幼儿进行丰富多彩的实践性活动，运用身体姿态语言或亲自动手操作，充分刺激幼儿的听觉、视觉、触觉与嗅觉等，从而获得感性认识并加深对客体的认知。教师在引导幼儿运用水粉颜料进行颜色调配的时候，如果让幼儿自己胡乱调配，很可能掌握不到要领。然而，如果运用动作示范，教师让幼儿自己动手操作，自己动手体验模仿果汁的调配过程。准备饮料瓶和颜料、水，让幼儿调配出西瓜汁、苹果汁、蓝莓汁等。幼儿通过这种体验性的感受，在实践中获得知识，如对红加黄能调配出什么颜色等非常清楚。

（三）写生示范

写生示范主要是指直接面对对象进行描绘的一种方法，当幼儿遇到技法问题，教师可以提供实物供孩子观察以帮助他们掌握一些表现方法。写生示范主要是针对6岁以上幼儿，随着年龄的增长，他们会遇到一些"技法"上的难题，而教师又不能完全示范，可以让幼儿面对实物，自己观察、理解，然后创造出自己的表现图式。比如幼儿在面对古建筑的时候，经常不知从何处开始下笔。现场观摩和写生是帮助幼儿发展自己的图式语言，创造属于自己的艺术形象的最好的方式。

一、方法示范——樱桃熟了（小班）

设计意图

《樱桃熟了》是以水墨画的形式表现的。对于幼儿来说涉及更多的是传统笔墨用法，方法性较强，比较难学。教师如果单纯用语言启发或者讲解，有点隔靴搔痒，难以让幼儿理解并运用。所以教师进行适当的方法示范和步骤讲解，有助于幼儿对这些技法产生直接印象，加之幼儿模仿能力强，能很快了解这些操作方法。只有当他们掌握基本的用笔、用墨及如何画出浓淡的色彩效果的时候，才可以大胆自由地去想象、去创作。

活动目标

（1）认知目标：多角度观察樱桃结构、颜色等特征，熟悉水墨创作工具。

（2）情感目标：掌握执握毛笔的技巧并能进行自由的创作。

（3）技能目标：尝试中锋用笔，运用点染的方法画樱桃。

活动准备

多媒体课件、齐白石樱桃图、毛笔、宣纸、国画颜料、墨、调色盘、水、毛毡。

活动重点

重点引导幼儿执握毛笔，掌握侧锋用笔画出樱桃的色彩变化。

活动过程

1. 情境导入

（1）活动导入。

师：今天老师带来一种好吃的水果，它像一个小小的红圆球。甜甜的蜜汁水，吃掉一个吐出白珠子。小朋友们，你们猜猜我的袋子里装的是什么？

（红樱桃）

（2）播放幻灯片。

师：哇，原来是樱桃，它小小的，红红的，上面有一个细细长长的果柄，下面还有一个凹进去的果脐。

师：看，老师来变魔术了——

　　我变变变，魔术袋变出了许多的樱桃；

　　我再变变变，哇，樱桃变到盘子里去了；

　　变变变，哇，樱桃又变到篮子里去了。

（3）实物观察。

教师拿出准备好的樱桃水果盘或者小篮子，分发给幼儿若干小樱桃，引导他们自己观察樱桃的结构、色彩、形状和气味。

2. 理解体验

（1）教师有针对性地提问，引导幼儿深入理解。

师：我们来看一看这些樱桃有什么不一样的地方呢？

（有的樱桃衣服的颜色有深有浅。）

师：它们的形状像什么呢？

（有的樱桃只有一个，有的樱桃和好朋友手拉手在一起。有的樱桃是躺下来的，有的樱桃是站起来的，像是在跳舞一样）

（2）教师引导用毛笔画出有深有浅、姿态多样的小樱桃。

师：魔术袋想请小朋友们帮它再画一些樱桃装在袋子里。这些樱桃都是魔术袋用毛笔和水墨画颜料变出来的。

继续播放幻灯片，欣赏齐白石爷爷是如何表现樱桃的（如图5-35所示）。

图 5-35　齐白石　樱桃

（3）教师示范用笔、用墨的方法。

师：先让毛笔喝喝水，洗洗澡，然后蘸一些红色的颜料，不要忘了舔一舔，这样画出来的就是淡红色了，要画出有深有浅的话我们就用毛笔的笔尖再稍稍蘸一些深红色的颜料。看，这样就能画出有深有浅的颜色了。

教师用符合幼儿认知心理的拟人化语言，边示范边讲解步骤。

第一步，毛笔弯弯腰、擦擦地，用侧峰画一个半圆；

第二步，再用侧峰画另一个半圆；

第三步，换一支毛笔，用毛笔的笔尖蘸墨汁用中锋画一个细细长长的果柄；

第四步，给樱桃点上一个果脐，这样樱桃就变出来了。

师：现在画一对手拉手的樱桃，第一、第二步是一样的，注意在画果柄的时候，一个果柄往右歪，一个果柄往左歪，这样两个樱桃才能手牵手。最后点上果脐。我还想画一个会跳舞的樱桃，我们只要把果柄画在樱桃的各个方向就可以了。（示范）

3. 自由创作

（1）给幼儿发放材料。
（2）幼儿创作，教师巡回指导。

作品展示

图 5-36 和图 5-37 所示为小班幼儿的樱桃熟了美术作品。

图 5-36　樱桃熟了　周雨馨　4 岁　　　图 5-37　樱桃熟了　李喵喵　4 岁

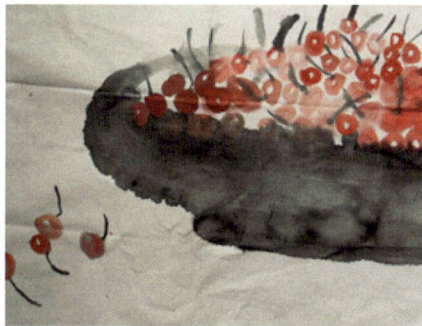

活动延伸

幼儿接触水墨需要时间来慢慢掌握运笔方法和用墨技巧。因此，在延伸活动中，选择名家作品来临摹，不失为一种直观的学习方法。如齐白石、韩美林、吴冠中等名家的水墨经典作品，都是生活中的蔬菜瓜果、鱼虾动物、山水树木等，适合幼儿欣赏与临摹。幼儿只有掌握其方法才能自由地进行创作。

二、动作示范——小蚂蚁搬西瓜（中班）

设计意图

《小蚂蚁搬西瓜》是依托绘本《蚂蚁和西瓜》的故事情境，重点选取蚂蚁搬西瓜的场景进行活动设计。本活动设计旨在让幼儿发挥想象力和创造力，将一群小蚂蚁运用各种方式运西瓜的场景表现出来。此活动中蚂蚁的不同动态是活动的重点难点所在。教师安排幼儿进行动作模仿，通过幼儿表演推、抬、背等典型的动作，使幼儿笔下的蚂蚁搬运西瓜的动作千姿百态，避免了教师直接示范带来千篇一律的现象。

活动目标

（1）认知目标：能够运用轮廓线表现蚂蚁的结构。
（2）情感目标：激发幼儿学习蚂蚁勤劳、聪明、团队合作的精神。
（3）技能目标：能够运用头和身体方位的变化表现蚂蚁的各种动作。

活动准备

多媒体课件、《蚂蚁和西瓜》绘本、彩笔、记号笔、黑色卡纸、素描纸。

活动重点

重点引导幼儿画出蚂蚁不同的动作和姿态。

活动过程

1. 情境导入

（1）故事引入，导入活动。

师：炎热的夏天到了，小蚂蚁们又热又渴，它们出门去找水喝，却惊喜地发现一块大西瓜。它们一个个便爬上去吃西瓜。一个小蚂蚁说，我们把它搬回家去吧。另一个小蚂蚁跳下来，伸开了胳膊，蹬开了两腿，咬着牙使出了浑身力气推西瓜，可还是推不动。它们只好跑回家，请来更多的蚂蚁兄弟帮忙。一群小蚂蚁运用各种方式运西瓜，有的用铲子铲，有的用手推，有的用绳子吊，有的用肩扛，有的两个抬……

（2）回忆绘本，观赏图片（如图 5-38 所示）。

利用绘本《蚂蚁和西瓜》中蚂蚁吃西瓜的情节，激发幼儿创作的兴趣。

师：哇，一块又红又大、汁液丰富的大西瓜，令人垂涎。你们看，好多小蚂蚁正在有组织地搬运。小小蚂蚁本领大，这么大的西瓜，蚂蚁们怎么把它们搬回家呢？

（有的抱着，有两个蚂蚁抬着，还有三个小蚂蚁一起推着）

引导幼儿观察蚂蚁的动态。

图 5-38 《蚂蚁和西瓜》绘本蚂蚁吃西瓜情节

2. 理解体验

（1）动作示范——引导幼儿关注蚂蚁搬运的动作。

师：你看到的小蚂蚁是怎样搬运西瓜的呢？谁来学一学？

（一个幼儿模仿蚂蚁吃西瓜的动态，眼睛眯成线，张开大嘴巴，趴下身子吃得欢；另一个幼儿表演侧面背着西瓜的蚂蚁，大西瓜压得小身子弯弯）

师：小蚂蚁是怎样合作搬运大西瓜的呢？

（两个幼儿模仿抬西瓜、一个在前，一个在后，使用肩膀扛西瓜……三个幼儿模仿推西瓜，头上冒出小汗滴，蹬开两脚颤巍巍，小蚂蚁用力推……）

师：如果你是一只小蚂蚁，你怎么搬运西瓜的呢？

（幼儿思考并演示蚂蚁搬西瓜的动作，为幼儿创作做好铺垫）

（2）撕纸示范——西瓜的表现。

教师选择红色的打印纸，撕出西瓜的形状。

用绿色的彩笔画出西瓜皮，黑色的记号笔画出西瓜籽。

（3）教师语言讲解，引导幼儿表现蚂蚁的动态。

师：先画出蚂蚁的头和身体，然后添画，表现不同蚂蚁的动作。

师：如何表现跳跃的小蚂蚁？

——小手弯一弯，小脚抬一抬，触角翘一翘，看小蚂蚁动起来啦。

——只要小手小脚弯一弯，眼睛嘴巴动一动，水滴弧线锯齿线，小蚂蚁就出现啦！

3. 自由创作

（1）创设情境，引导幼儿创作。

师：草地上又出现了一块大西瓜，这些小蚂蚁看到西瓜又会发生什么故事？小蚂蚁会和同伴怎么样合作搬运西瓜呢？

（2）自由创作。

（3）教师巡回指导。

作品展示

图 5-39 和图 5-40 所示为中班幼儿的蚂蚁搬西瓜美术作品。

图 5-39　蚂蚁搬西瓜　周思雨　5 岁　　　图 5-40　蚂蚁搬西瓜　方云航　5 岁

活动延伸

《蚂蚁搬西瓜》运用幼儿动作模仿体验，引导幼儿把自己想象成一只小蚂蚁搬运西瓜的创作过程。当幼儿掌握了蚂蚁的不同动作表现后，可以进一步引导幼儿根据绘本《蚂蚁和西瓜》续编，制定《小蚂蚁过冬》，创造性地想象蚂蚁过冬的有趣场景，培养幼儿对自然现象探究的兴趣，同时也引导幼儿运用经验迁移方法，表现蚂蚁搬运食物储备在家准备过冬的绘画场景。

三、写生示范——美丽的茗阳阁（大班）

设计意图

幼儿在面对古建筑的时候，经常不知从何处开始下笔。现场观摩和写生是帮助幼儿发展自己的图式语言，创造属于自己的艺术形象的最好方式。阁楼尤其复杂，教师不能纯粹地教授或者示范具体的画法。通过观摩和写生，幼儿可以直观地体验和感受阁楼的造型与色彩，培养细致的观察能力。在整个写生示范的过程中，教师始终用语言指导。教师如何提问，如何引发幼儿观察与思考，决定了幼儿面对实物不同的感受和体验，这样的写生才能够激发幼儿创作的欲望和凸显每个幼儿的个性特点。

活动目标

（1）认知目标：能够欣赏阁楼的造型特点，初步了解阁楼基本结构和特点。

（2）情感目标：激发幼儿对中国阁楼建筑的热爱，感受中国建筑的造型美。

（3）技能目标：将自己对阁楼的体验和感受表现出来。

活动准备

彩笔、记号笔、卡纸、素描纸。

活动重点

重点引导幼儿画出阁楼的结构和造型。

活动过程

1. 情境导入

（1）现场观摩，导入活动。

春暖花开，户外的写生课给幼儿带来新奇的体验。组织幼儿跟着老师一起去写生现场观察，以"茗阳阁"为主题进行绘画创作。

（2）教师选择合适的角度和距离，选择写生地点。引导幼儿由远及近，从不同角度感受"茗阳阁"美（如图 5-41 和图 5-42 所示）。

图 5-41　茗阳阁远景

图 5-42　茗阳阁近景

（3）观摩结束，让幼儿交流体验。

2. 理解体验

（1）理解茗阳阁的造型特点。

师：它是一栋由雕栏飞檐、斗拱等多种形式的古建筑元素汇聚而成，具有浓郁的地方古建筑特色的塔式阁楼。

（2）幼儿近距离观察阁楼（如图 5-43 和图 5-44 所示），并讲述对阁楼的印象与感受。

图 5-43　茗阳阁外景

图 5-44　茗阳阁内景

（3）引导幼儿整体欣赏阁楼的造型、色彩与周边风景。

师：阁楼有几层？它们有什么不一样的地方？

师：它有哪些好看的颜色？

（红色、黄色、蓝色）

师：阁楼的顶看起来像什么？

（一把大伞，小姑娘的裙摆……）

师：亭顶上面和下面分别有什么？

（亭顶上方有飞檐、小瓦、屋脊；亭顶下方有直直的立柱）

师：柱子之间还有什么？

（各种形状的格窗）

师：茗阳阁前后还有什么景物？

（茗阳阁后边是绵延起伏的贤山，周边是居民楼，前边是浉河）

（4）引导幼儿仔细观察，为创作做准备。

3.写生创作，教师指导

（1）师生共同讨论茗阳阁的画法。

师：今天请小朋友们自己设计，画出你看到茗阳阁的感受与印象。

（2）观察画纸，选择合适的构图方式。

师：看一看，如何构图？把你的阁楼画在哪里？

师：先画阁楼，然后画周边的风景。

（3）幼儿创作，教师巡回指导。

作品展示

图 5-45 和图 5-46 所示为大班幼儿的茗阳阁写生美术作品。

图 5-45　茗阳阁写生　曹雨彤　6岁　　　图 5-46　茗阳阁写生　钟子豪　6岁

活动延伸

　　阁楼造型复杂，绘画难度较大。教师带领幼儿现场观摩，让幼儿对阁楼的构造与装饰细节都有直观的印象。在具体创作阶段，选择远景的方式画出阁楼的整体感受，降低创作的难度。延伸活动可以让幼儿根据写生经验，尝试自己设计一座阁楼，表现阁楼的造型风格与色彩特征，引导幼儿深入了解古建筑的美感。

参 考 文 献

［1］李蔚宜 . 2-6 岁儿童绘画活动指导 . 上海：上海社会科学出版社，2011.

［2］冯婉桢 . 幼儿园主题活动案例教程 . 北京：人民邮电出版社，2017.

［3］余文森 . 核心素养导向的课堂教学 . 上海：上海教育出版社，2017.

［4］爱泼斯坦，特里米斯 . 我是儿童艺术家：学前儿童视觉艺术的发展 . 冯婉桢，译 . 北京：教育科学出版社，2012.

［5］孔起英，王健红 . 幼儿园主题式美术教育活动新设计 . 南京：南京师范大学出版社，2015.

［6］张念芸 . 幼儿美术活动指导与设计 . 北京：北京师范大学出版社，2018.

［7］尹少淳 . 尹少淳谈美术教育 . 北京：北京师范大学出版社，2016.

［8］李蔚宜 . 幼儿园美术活动这样做 . 上海：华东师范大学出版社，2014.

［9］陈学群 . 幼儿园优秀美术活动设计 99 例 . 北京：中国轻工业出版社，2014.

［10］顾菁 . 当代艺术与美国儿童美术教育 . 上海：复旦大学出版社，2015.

［11］顾菁 . 在美国幼儿园上美术课 . 上海：华东师范大学出版社，2015.

［12］郭莉萍，赵福云 . 幼儿园绘本美术活动创意设计 . 北京：中国轻工业出版社，2017.

［13］罗梅，赵福云 . 幼儿园美术活动创意设计 . 北京：中国轻工业出版社，2013.

［14］李力加 . 给幼儿教师和家长的 81 条美术建议 . 北京：中国轻工业出版社，2017.

［15］艾斯纳 . 儿童知觉与视觉的发展 . 孙宏，刘海英，张丹，等，译 . 长沙：湖南美术出版社，1994.

［16］刘亚明，刘晓颖 . 孩子的画笔会说话：幼儿绘画心理解析与互动指导 . 北京：中国农业出版社，2014.

［17］林琳，朱家雄 . 学前儿童美术教育 . 上海：华东师范大学出版社，2012.

［18］高虹 . 基于民间经典艺术元素的幼儿园美术教育 . 宁波：宁波出版社，2016.

［19］李凌云 . 美树馆：儿童美育基础课程 . 天津：天津科学技术出版社，2016.

［20］刘亚明 . 儿童绘画成功施教方法 . 北京：农村读物出版社，2004.

［21］伟特 . 让孩子痴迷的趣味艺术游戏 . 郑勤砚，鲍丽娟，译 . 北京：光明日报出版社，2014.

［22］刘素君.幼儿创意美术游戏.武汉：湖北美术出版社，2017.

［23］山姆，贝弗利.创意绘画的65个秘密.韩子钟，译.上海：上海人民美术出版社，2016.

［24］李芳妃.和孩子一起玩艺术.桂林：漓江出版社，2012.

［25］福尔曼.52个创意绘画实践.蔡丹妮，陈思渊，傅俊，译.上海：上海人民美术出版社，2016.